伝わる開示を実現する

「のれんの減損」の実務プロセス

公認会計士 竹村 純也【著】

中央経済社

はじめに

――有価証券報告書を残業して作成しても報われない，と感じていました。
しかし，企業価値の向上に役立つ開示があると知ったとたん……。

有価証券報告書は，経理をはじめとした管理部門が中心となって作成されます。その管理部門は，企業によっては今でも「収益を生まないコストセンター」だと誤解されている場合があります。十分なリソースが割り当てられず，また，ときには社内や企業グループからの適時・適切な協力が得られない中で，開示書類の提出期限に間に合わせるために，残業や長時間労働を行わざるを得ない状況もあるでしょう。さらに，財務諸表監査を受けなければならないため，監査人からの資料依頼や説明への対応，関係部署や企業グループの担当者との調整，協議結果を踏まえた社内展開なども同時並行的に行っていく必要があり，負担も大きくなります。こうした作業を通して有価証券報告書を完成させ，公表しているにもかかわらず，機関投資家やアナリストなどの反応が薄いと，「読まれない有価証券報告書」を作り続けているという徒労感を覚えることもあるかもしれません。

そのような薄い反応を招く原因として，開示している内容のうち記述的な説明に，有価証券報告書の提出会社に固有の情報が盛り込まれていないことが考えられます。会社名を隠したときに，他社でも通用するような紋切り型の記載が多くを占めている開示では，自社の特徴が表現されないため，埋没してしまうのは当然です。事業活動では同業他社との差別化を強調しているにもかかわらず，財務報告になると自社に固有の情報を開示しないような姿勢では，「読まれない有価証券報告書」に成り下がるのも仕方がありません。

目指すは，「読まれる有価証券報告書」

しかしながら，自社に固有の情報を盛り込んだときに，「これこそが自社の状況を適切に表現している有価証券報告書だ」と胸を張ることができるなら，状況は一変するはずです。同業他社との違いを記載した箇所に，機関投資家やアナリストは注目するでしょう。こうして他社にはない情報が開示されることによって，機関投資家との対話がより建設的になります。つまり，「読まれない有価証券報告書」から，「読まれる有価証券報告書」へとシフトするのです。あの苦労が報われることを実感できるでしょう。

そのシフトを実践していくために，本書では，のれんの減損に関する開示コミュニケーションについて解説を行います。のれんの減損をテーマとした理由は，これが投資家にとって最もサプライズとして受け止められることが多い論点だからです。なぜ，サプライズとして映るかといえば，減損損失の計上に至るまでのコミュニケーションが十分ではないからです。とはいえ，何から何まで開示する必要もありません。そこで開示が期待されている事項は，いくつかのポイントに絞られます。そのポイントを押さえた開示によって，機関投資家とのコミュニケーションは今以上に円滑になると期待できます。

のれんの減損で知っておくべき海外情報

機関投資家と開示コミュニケーションを図っていくためには，開示が求められている事項を理解する必要があります。期待されていない事項をいくら説明したところで，読まれない有価証券報告書へと向かうだけです。そこで，会計基準や開示規則の理解を深めることが求められます。

しかし，これらの理解は，それ自体を読み込むことだけでは不足することがあります。どの企業も，会計処理や注記事項については関連する会計基準を，また，有価証券報告書の記述情報については開示規則を読み込んでいるはずです。それにもかかわらず，開示コミュニケーションが不足してしまうのです。その理由は，こうした会計基準や開示規則が日本生まれではないためです。海外の会計基準や開示規則をベースにしていることから，日本の会計基準や開示規則が参考とした海外の状況についても理解が欠かせないのです。例えば，のれんの減損についていえば，次のとおりです。

➤**「固定資産の減損に係る会計基準」**には注記すべき事項の定めがあります。しかし，基準導入時に注記事項の議論がほとんど行われずに，当時の海外における会計基準の注記事項を参考にして設定されました。

➤企業会計基準第31号**「会計上の見積りの開示に関する会計基準」**は，IAS第１号「財務諸表の表示」第125項の「見積りの不確実性の発生要因」に関する規定を基本的に受け入れています。その取扱いを理解していないと，不要な注記を行ってしまいます。「見積りに不確実性があるため，翌年度以降に重要な影響を与える」といった記載を行っている場合には要注意です。

➤**有価証券報告書の記述情報**における「重要な会計上の見積り及び当該見積りに用いた仮定」の記載についても，金融審議会ディスクロージャーワーキング・グループにおける審議では，海外の開示が念頭に置かれています。それは，決して財務諸表の注記事項と同じ記載を繰り返すことを求めていません。

このように，海外の会計基準が何を求めているのか，また，海外の企業が規制当局から何を指摘されているかを理解することによって，日本の会計基準についても適切に適用できる面があるのです。

本書の３つの特徴

本書には，次の３つの特徴があります。

１．会計基準や開示規則の文言を補う解説

会計基準や開示規則を適切に理解できるよう，その文言を補うような説明を行っています。特に「固定資産の減損に係る会計基準」は設定されてから20年が経過しています。現在の開示制度に照らして不足すると考えられる点があるため，それも指摘しています。

2．海外情報の反映

海外の会計基準についての説明に加えて，海外企業が会計基準の適用にあたって規制当局から指摘された内容も取り扱っています。加えて，ただ直輸入するのではなく，日本の会計基準に当てはめた検討も行っています。

3．優良事例の徹底した調査

日本企業においても，趣旨を適切に理解したうえで開示を行っている事例が存在しています。その中から参考にできる優良事例について数多く収録しました。

本書の内容

本書は，次の6つの章から構成されています。

✓**第1章**の「**減損コミュニケーションの必要性**」では，「固定資産の減損に係る会計基準」や企業会計基準適用指針第6号「固定資産の減損に係る会計基準の適用指針」の設定にあたって，注記事項の議論がほとんど行われなかった状況を説明しています。減損会計基準に基づく注記では現在の財務報告への期待に応えきれていないことが理解できます。

✓**第2章**の「**減損プロセスとPL注記**」では，のれんの減損に特有の論点について説明したうえで，重要な減損損失に関する損益計算書注記のあり方を示しています。ここで注記すべきことや現状の開示で不足していることがわかります。

✓**第3章**の「**見積開示会計基準に基づく注記**」では，海外企業が規制当局から指摘された事項に基づき，当該注記に必要な3つの要素を明らかにしています。これらの要素を満たす必要があるため，現状，過剰に開示している可能性のある注記について合理的な根拠をもって削除できるようになります。また，それは機関投資家に誤解を与えないことにもつながります。

✓**第4章**の「**記述情報による開示**」では，どの箇所に，何を記載すべきかについて取り扱っています。23の優良事例から，開示に適している内容が理解できます。これらを利用することで，自社のリスクマネジメントの向上や見直しにも活用できます。

✓**第５章**の**「減損の監査対応」**では，会計上の見積りの監査，KAM（監査上の主要な検討事項），その他の記載内容について，その対応を示しています。これらの監査対応を知ることで，会計上の見積りに関するリスクマネジメントを向上せざるを得ない状況が理解できます。また，その結果として，のれんの減損を招く事業投資を減少させることや，減損を招きそうな案件に早期の対応が図れることが期待できます。会計処理や開示の前工程である社内の判断や意思決定，モニタリングが適切であるなら，減損にまつわるゴタゴタを解消できることがわかるでしょう。

✓最後の**第６章**の**「気候変動が減損に与える影響」**は，会計の文脈から，気候変動とのれんの減損の関係について解説を行っています。海外の動向を整理するとともに，開示事例も取り上げているため，2022年３月期以降に増加すると予想される気候変動への対応について知ることができます。日本でも，気候変動について財務諸表の開示が求められるようになる可能性があるため，本章によって早期の対応に備えられます。

ある上場企業の役員のことば

有価証券報告書における開示は急激に充実させることが可能です。

それは，筆者が記述情報の充実に関するコンサルティングを行ったときのことです。その企業が開示していた記述情報は，当時の他の多くの企業と似たりよったりの記載で埋め尽くされていました。記述情報の充実に関する改正が強制適用とされる年度において，その見直しを図ろうと取り組まれていたのです。

しかし，実際には，外部に公表する書類は紋切り型の記載で溢れていたのに対して，社内に展開している文書は同社に固有の情報で満載でした。この文書はそのまま開示に活用できるレベルだとアドバイスしたものの，今ひとつ記述情報の最終形がイメージできていないようです。そこで，筆者が社内文書を活用しながら，開示の素案を作成しました。それを見た担当役員が，こう言ったのです。

「これは，うちの会社のことを表している開示だ」

この話でお伝えしたいのは，開示の充実にあたって，必ずしも難しいことに取り組む必要はないということです。すでに社内で取り組んでいるものがあるならば，それを素材としながら開示用の文書を組み立てていくだけでも，十分に自社に固有の開示が行えることがあるのです。実際，この会社は新しい活動を始めたわけでもなければ，これまでの活動内容を変更したわけでもありません。変えたのは，開示の仕方のみです。それによって，紋切り型の記載ではなく，自社の内容を的確に表現していると胸を張ることができたのです。このように，「読まれない有価証券報告書」から，少なくとも「読んでほしい有価証券報告書」へとシフトすることは可能です。

この「読んでほしい有価証券報告書」には自社に固有の情報が盛り込まれています。それは，機関投資家にとっての「読みたい有価証券報告書」にほかなりません。企業に固有の情報が適切に開示されているため，情報の非対称性を緩和することから，のれんの減損についてのサプライズも減るものと期待できます。それが資本コストを下げる結果，企業価値を高める可能性をも秘めています。経理をはじめとした，今までコストセンターだといわれてきた管理部門が，開示コミュニケーションを通じて企業価値の向上に貢献できる機会が目の前にあるのです。これに取り組まない理由はありません。リスクマネジメントの成熟度と開示の十分度を高めることが企業価値を向上させるものと確信しています。

こうしたのれんの減損に関する開示コミュニケーションについて，さまざまな角度からの取組みを提示しています。第１章から読み始めることも，気になった章から読むこともできます。ぜひ，頁をめくって，開示コミュニケーションの第一歩を踏み出してください。そこには，違う景色が待っています。

本書のうち意見にわたる部分は，筆者が所属するいかなる団体の公式見解を示すものではなく，筆者個人の意見です。また，本書で取り上げた開示事例は，あくまでも実務の参考に供するものであり，個別企業の評価とは関係がありません。

目　次

第3章 見積開示会計基準に基づく注記

第 4 章　記述情報による開示

第5章　減損の監査対応

第6章　気候変動が減損に与える影響

【事例一覧】

【略語一覧】

略語	正式名称	発行主体
ASBJ	企業会計基準委員会	−
DWG	金融審議会ディスクロージャーワーキング・グループ	−
FRC	Financial Reporting Council	−
FRCレポート	Corporate Reporting Thematic Review: Judgements and Estimates	FRC
JICPA	日本公認会計士協会	−
改正監基報540	監査基準委員会報告書540「会計上の見積りの監査」(2021年1月14日改正)	JICPA
改正監基報720	監査基準委員会報告書720「その他の記載内容に関連する監査人の責任」(2021年1月14日改正)	JICPA
監査役等	監査役，監査役会，監査等委員会または監査委員会	−
減損会計意見書	固定資産の減損に係る会計基準の設定に関する意見書	企業会計審議会
減損会計基準	固定資産の減損に係る会計基準	企業会計審議会
減損適用指針	企業会計基準適用指針第6号「固定資産の減損に係る会計基準の適用指針」	ASBJ
検討状況整理	「固定資産の減損に係る会計基準の適用指針」の検討状況の整理	ASBJ
財務諸表等規則	財務諸表等の用語，様式及び作成方法に関する規則	内閣府令
資本連結実務指針	会計制度委員会報告第7号「連結財務諸表における資本連結手続に関する実務指針」	JICPA
ニック文書	In Brief：IFRS Standards and climate-related disclosures	IASB
見積開示会計基準	企業会計基準第31号「会計上の見積りの開示に関する会計基準」	ASBJ

第 1 章　減損コミュニケーションの必要性

01 減損の開示コミュニケーションを再考すべき時期

02 注記事項よりも会計処理に重きが置かれた減損会計

03 減損プロセスの「見える化」

01 減損の開示コミュニケーションを再考すべき時期

⑴ 現状の開示は果たして十分か

日本の会計基準を採用している企業が企業買収を行った場合，連結財務諸表にのれんが計上されます。本書では，この「のれん」に関する開示にあたって，減損についての説明責任をより良く果たしていくための考え方を提案していきます。

もし，のれんの減損損失を計上した場合には減損損失に関する損益計算書注記を開示するだけと考えるなら，年金基金や保険会社をはじめとする機関投資家の期待には応えられない可能性があります。それだけでは開示を通じたコミュニケーションが不十分だと指摘される結果として，追加的な説明が求められる状況が想定できるからです。

確かに，減損に関する注記として真っ先に思い浮かぶのは，企業会計審議会が公表する「固定資産の減損に係る会計基準」（以下，「減損会計基準」という。）で要求される注記事項でしょう。これは，重要な減損損失を認識した場合の損益計算書注記です。

しかし，こうした開示コミュニケーションは，本書を執筆している今の時代の情報開示としては，改善の余地があります。減損損失が計上されない限り，減損に関する情報が開示されないため，あまりにもタイミングが遅すぎるからです。

⑵ 減損会計基準のPL注記では不十分

機関投資家は，株式投資からのリターンの大半を株価の上昇，つまり，キャピタル・ゲインから獲得します。ある企業の株価が上昇するかどうかは，当該企業の将来キャッシュ・フローの総額を現在価値に割り引いた企業価値に基づいて判断することがあります。こうした判断にあたっては中長期的な企業価値に関する情報が必要なため，企業に対して関連する開示を期待するのです。

また，機関投資家には，「責任ある機関投資家」の諸原則，いわゆる日本版スチュワードシップ・コードに基づく行動が求められます。特に原則3では，「機関投資家は，投資先企業の持続的成長に向けてスチュワードシップ責任を適切に果たすため，当該企業の状況を的確に把握すべき」ことが有用であると規定されています。こうした行動がとられる結果，企業は情報開示の要求から逃れられません。

こうした中で，企業が減損損失を計上したことを丁寧に説明したところで，機関投資家にとって事後報告として映ります。機関投資家は，企業の開示を通じて将来の状況を予測しようとしているにもかかわらず，前触れもなく多額の減損損失が計上されては，中長期的な企業価値を評価しようがないからです。また，そうしたリスクに備えるために資本コストをより高く設定することもあるでしょう。そのような開示コミュニケーションは，機関投資家の将来予測に十分ではないばかりか，企業にとって株価に悪影響を及ぼしかねないのです。

もっとも，自然災害のように突発的な事象に基づき被った損失であれば，非難されることはありません。経営者はすべての事象や状況を予知できるわけではないため，そのような損失計上までカバーした開示コミュニケーションは不可能です。

それに対して，のれんの減損損失は，突発的な事象に基づき計上されるというよりも，のれんが帰属する事業が置かれた状況を踏まえて，経営者の判断に基づき計上されるものです。適切なリスクマネジメントが実施されている限り，経営者は何かしらの予兆を察知していたはずです。また，減損リスクに対応する策を講じてもいたはずです。そうであれば，こうした状況について開示のしようがあったのではないかと，機関投資家が失望するのも無理はありません。だからこそ，「減損のサプライズ」といった表現が使われるのでしょう。場合によっては，ネガティブな情報を隠していたのではないかと，疑惑の目を向けられる可能性もあります。

(3) 注記事項のデザインの適切性

機関投資家としては，経営者が有する情報が重要である場合には，たとえネガティブなものであっても開示されることを期待しています。ところが，指摘したとおり，減損会計基準が要求するPL注記だけを開示したとしても，それは事後の報告であるため，期待には十分に応えられません。

ここで，疑問に感じるかもしれません。なぜ，減損会計基準の要求事項に基づき注記を開示しているにもかかわらず，機関投資家の期待に応えられないのだろうか，と。本来であれば，減損会計基準で要求される注記を行っていれば，必要な情報が開示されるように会計基準が適切にデザインされているはずです。財務諸表を作成する企業としては，減損会計基準に準拠している限り，期待される開示コミュニケーションを実施できるものだと考えるのは当然のことでしょう。

しかし，減損会計基準における注記事項の定めが適切にデザインされていた場合であっても，当該基準が公表された2002年から20年も経過しているため，その定めが依然として適切かどうかについては再考の余地があります。これについて興味深い点は，減損会計基準の開発の過程において，注記事項についての議論がほぼ行われていないことです。

02 注記事項よりも会計処理に重きが置かれた減損会計

(1) 損失を先送りしないことが最優先

減損会計基準の開発は，2000年６月に企業会計審議会が公表した「固定資産の会計処理に関する論点の整理」がきっかけです。このうち，「Ⅰ．経緯及び基本的な考え方」において，次のとおり，当時の最優先の課題が固定資産の減損会計に関する基準の整備であると指摘されたためです。

> （略）以上のような状況に鑑み，当審議会では８回にわたって第一部会を開催

し，固定資産に係る我が国の会計実務や海外の会計基準及びその動向等について審議を重ねてきたが，その結果，投資者に有用な情報を提供し，会計基準の国際的な調和を図るうえで最優先の課題は減損の処理であり，まずその基準を整備することが必要であるという結論に達した。（略）

そこで，2000年9月29日に，企業会計審議会の固定資産部会の第1回が開催されました。その後，2002年6月28日開催の第25回まで1年半をかけて基準開発の議論が重ねられていきます。この議論では，注記事項よりも，減損プロセスやその会計処理に時間が割かれました。しかし，これはやむを得ない面があります。

当時，日本はバブル経済が崩壊した影響を残していました。その結果，企業の貸借対照表に計上される固定資産の収益性が低下しているにもかかわらず，帳簿価額が切り下げられることがなかったため，過大計上ではないかと指摘されていました。そのため，将来に損失を繰り越すことがないよう，固定資産の減損損失を計上するための判断ステップや会計処理の議論に注力されたのは仕方がありません。また，減損プロセスや減損損失を計上する会計処理が定まらなければ，注記事項も検討できない側面もあったのでしょう。

(2)　企業会計審議会における注記議論

企業会計審議会の固定資産部会における全25回の議論は，**図表1－1**のとおり，3つのフェーズに整理できます。

第1フェーズは，2001年7月に「固定資産の会計処理に関する審議の経過報告」が公表されるまでの期間です。第1回から第14回までにわたって，主要な論点に関する意見交換が行われました。

第2フェーズは，2002年4月に「固定資産の減損に係る会計基準の設定に関する意見書（公開草案）」が公表されるまでの期間です。第15回から第22回までにわたって，全般的な審議や設例による議論，公開草案の検討などが行われました。

第3フェーズは，2002年8月に「固定資産の減損に係る会計基準の設定に関

図表1－1　企業会計審議会・固定資産部会における検討過程

時　期	検討・公表資料
2000年９月　　～2001年７月	検討フェーズ１（第１回から第14回まで）
2001年７月６日	「固定資産の会計処理に関する審議の経過報告」の公表
2001年９月　　～2002年４月	検討フェーズ２（第15回から第22回まで）
2002年４月19日	「固定資産の減損に係る会計基準の設定に関する意見書（公開草案）」の公表
2002年５月　　～2002年６月	検討フェーズ３（第23回から第25回まで）
2002年８月９日	「固定資産の減損に係る会計基準の設定に関する意見書」の公表

する意見書」の確定版が公表されるまでの期間です。第23回から第25回までにわたって，公開草案に寄せられたコメントへの対応や意見書の修正案の検討が行われました。

これらのフェーズに応じた減損会計の注記事項に関する議論は，次のとおりです。

①　第１フェーズの注記議論

固定資産部会の第１回開催の冒頭に，事務局から「固定資産の会計処理に関する論点の整理」に寄せられた意見が紹介されました。減損の表示に関して，次の意見があったと報告されます。

> さらに，注記につきましては，注記は不要であるという意見がございました。

このように，根拠が示されることなく注記不要とする主張が初回から出ていたのです。まるで，注記事項の議論に至らない状況を暗示していたかのようです。

その後，第５回の開催に至って，ようやく減損会計に関する注記事項についての報告が行われます。固定資産部会の議事録上，ここでの説明が最も注記事項に費やされた箇所でした。また，方向性を決定づけたものでもあるため，次に紹介します。

> 日本におきまして，ある程度やはり注記を考えていくときの参考になるのがこの二つの基準かと思われますが，IAS におきましても米国基準でも，かなり説明的な開示を要求しております。減損の注記については，それを認識する経緯ですとか，あるいは方法があくまでも会社の経営的な判断によるというような区分，要素がどうしても残りますので，説明的な記述を加えざるを得ないのかなというふうに思っております。
>
> これは，単に項目の例として考えられるものを列挙しておりますが，例えば減損を認識した資産，あるいは減損認識に至る事実と状況の説明ですとか，減損の金額ないしは金額の決定方法，減損が PL でもし別立て表示というふうになっていない場合には，どこの項目に含まれているかということですとか，セグメント情報に対する影響ですとか，戻し入れをもし行うというふうになった場合には，戻し入れについても同様の項目を出していくのか，処分予定の資産について，また別途会計処理を区分して考えていくことになれば，それについても開示が必要になってくるのではないかなというふうに思います。これは単なる草案で，出発点としてこんな項目が挙げられるかなという程度で見ていただければと思っております。

この報告には３つのポイントが読み取れます。それは，①減損会計に関する注記事項の検討にはIAS（国際会計基準）と米国会計基準を参考にできること，②減損会計の適用には判断が入るために説明的な記述を加えざるを得ないこと，③列挙した項目例は注記事項の草案としての出発点であることです。なお，この説明の後，注記事項が議論された形跡はありません。

第11回の開催では，これまでの意見の集約に向けた意見交換が行われます。注記については，次のとおり，重要な減損損失を説明的に記述する旨が報告されました。

> それから，３番目の注記ですが，重要な減損損失を計上した場合には，減損損失の計上に至った経緯，回収可能価額の算定方法，資産のグルーピングの方法等について注記する必要があるのではないかということです。減損損失の金額自体がやはり会社の見積もり，あるいはグルーピングによって左右される部分がかなりあると思われますので，それを少なくとも重要な減損損失についてはある程度

説明的に記述するということが財務諸表の読者にとって親切ではないかということが言えると思います。

第12回の開催では，「固定資産の会計処理に関する審議の経過報告」の公表に向けて，これまでの議論が文章化されます。減損会計に関する注記事項については，次のとおり起草されました。

重要な減損損失を計上した場合には，減損損失の計上に至った経緯，資産のグルーピングの方法，回収可能価額の算定方法について注記を行う。

なお，公表された「固定資産の会計処理に関する審議の経過報告」では，「回収可能価額の算定方法」の後に「等」の文字が加えられました。

② 第２フェーズの注記議論

固定資産部会の第19回開催から，減損会計に関する基準や基準注解，前文の骨子についての審議が始まりました。注記事項については，次のとおり，国際的な会計基準を参考に設定された旨が示されます。

重要な減損損失を認識した場合には，減損損失を認識した資産，減損損失の認識に至った経緯，減損損失の金額，資産のグルーピングの方法，回収可能価額の算定方法等の事項について注記をしなければならないということで，この内容につきましても国際会計基準，米国基準等を参考にしてつくらせていただいております。

この内容がそのまま，「固定資産の減損に係る会計基準の設定に関する意見書（公開草案)」として公表されます。

３．注記事項

重要な減損損失を認識した場合には，減損損失を認識した資産，減損損失の認識に至った経緯，減損損失の金額，資産のグルーピングの方法，回収可能価額の算定方法等の事項について注記する。

③　第３フェーズの注記議論

固定資産部会の第23回開催では，公開草案に寄せられたコメントが紹介されました。注記事項について寄せられたコメントは，次の２点でした。なお，本書への掲載にあたって，個人名の記載は伏字としています。

> アナリスト協会ですが，「「回収可能額の算定方法」に，「（将来キャッシュ・フロー見積もりの仮定及び予測を含む）」と挿入することを提案する。」。
>
> [redacted]さんですが，「等という曖昧な表現を基準の中でするのは好ましくないのではないかと考えます。」。

このうち１点目のコメントからは，社団法人日本証券アナリスト協会（注：2011年に公益社団法人へ移行）が当時から，見積開示会計基準で期待されているような内容の開示を期待していたことが理解できます。

このほか，適用指針等に関するコメントには，次のものが紹介されました。

> 東証でございます。「「具体的な指針等については，今後，企業会計基準委員会において適切に措置している」としていますが，その際には以下の内容についても整理していただくようお願いしたいと思います。減損の兆候の４事例における「著しく」の判断指標，開示の注記事項における「重要性」の判断指標及び注記事項に係る具体的な記載事例。」。

公開草案には，具体的な指針等は企業会計基準委員会（以下，「ASBJ」という。）が措置していく旨が記載されたものの，そこに挙げられた事項には注記事項が明記されていませんでした。そのため，注記事項に関するリクエストが寄せられたのです。しかしながら，このリクエストは，確定版の「固定資産の減損に係る会計基準の設定に関する意見書」（以下，「減損会計意見書」という。）に反映されていません。

続く第24回開催では，公開草案で示された注記事項に寄せられたコメントに対して，次のような考え方が示されました。

> 「回収可能額の算定方法」に，「(将来キャッシュ・フロー見積もりの仮定及び予測を含む)」と挿入することを提案するという注記事項の明確化というんでしょうか，ご提案でございます。具体的な注記方法については，適用指針又は実務レベルで検討してはどうかということでございます。
> それから，等というような曖昧な表現を基準の中でするのは好ましくないというご意見でございますが，必要があれば，適用指針において注記事項を追加する余地を残しているということです。
> この注記事項，特に注記事項というか表示一般につきましては，適用指針ないし実務レベルという検討を踏まえまして，ある段階で財務諸表規則等の改正ということも行っていかなければいけないというふうに考えております。

この考えから，次の3点が読み取れます。

(i) 具体的な注記事項の取扱いはASBJが検討すること

コメントのうち「具体的な注記方法については，適用指針又は実務レベルで検討してはどうか」という箇所から，具体的な注記事項の取扱いはASBJが検討することが読み取れます。つまり，減損会計基準では注記すべき項目のみを決定したことを意味しています。

しかし，その注記事項の定めは，ここまでに紹介したとおり，特段，議論された形跡がありません。また，注記事項に関する説明があった回において，質疑応答がなかったことから，一方的な発話で終わっています。もちろん，提示された注記案について固定資産部会の委員の誰もが違和感を持たなかったことを理由として，議論に至らなかった可能性も考えられます。また，減損プロセスや会計処理のほうに注力していたことも関係しているでしょう。その理由は定かではないものの，少なくとも固定資産部会の議事録上は，十分な議論がないまま注記事項の定めが決定されたと指摘できます。

(ii) ASBJは減損会計基準の枠内で検討すること

コメントのうち「等」に関する説明から，適用指針において注記事項を追加する余地を残していることが読み取れます。減損会計基準では注記を要求する項目が示されたものの，それがすべてではないことを意味しています。

換言すれば，減損会計基準で列挙された項目が削られることはありません。両者の性質に照らすと，適用指針が会計基準を上書きすることはないからです。さらにいえば，会計基準が想定する注記事項以上の規定を設けることもできません。例えば，重要な減損損失を計上していない場合にも一定の注記を求めるといった取扱いは，適用指針で規定できないのです。

したがって，ASBJによる適用指針は，基本的には，減損会計基準における注記事項の定めをより具体化していくしか対応できない性質であることが理解できます。その様子は，**図表1－2**のとおりです。

図表1－2　注記事項の対応表

固定資産の減損に係る会計基準 （四　財務諸表における開示 3．注記事項）	企業会計基準適用指針第6号 固定資産の減損に係る会計基準の適用指針 （注記　第58項の抜粋）
重要な減損損失を認識した場合には，	重要な減損損失を認識した場合には，損益計算書（特別損失）に係る注記事項として，以下の項目を注記する。
減損損失を認識した資産，	(1)　減損損失を認識した資産又は資産グループについては，その用途，種類，場所などの概要
減損損失の認識に至った経緯，	(2)　減損損失の認識に至った経緯
減損損失の金額，	(3)　減損損失の金額については，特別損失に計上した金額と主な固定資産の種類ごとの減損損失の内訳
資産のグルーピングの方法，	(4)　資産グループについて減損損失を認識した場合には，当該資産グループの概要と資産をグルーピングした方法
回収可能価額の算定方法	(5)　回収可能価額が正味売却価額の場合には，その旨及び時価の算定方法，回収可能価額が使用価値の場合にはその旨及び割引率
等の事項について注記する。	

(iii) 開示規制への反映はASBJの検討後に行うこと

コメントのうち，注記事項について「適用指針ないし実務レベルという検討を踏まえまして，ある段階で財務諸表規則等の改正ということも行っていかなければいけない」という箇所から，ASBJによる検討を踏まえたうえで開示規則を改正することが読み取れます。つまり，減損会計基準の注記事項の定めでは，まだ開示規則への反映には至らないことを意味しています。これは，ASBJの検討の結果，注記事項が追加される可能性を考慮したものと考えられます。

もっとも，減損会計基準の導入を進めるために，注記事項について多くを議論しない戦略が採られた可能性も考えられます。というのも，当時，産業界や政界から，減損会計基準の適用を延期するよう強く求められていたからです。そのような中で，注記事項の内容について議論した場合，多くの情報開示が必要になると判明すれば，減損会計基準の適用についてさらなる延期の圧力が強まることは必至です。事実，固定資産部会の初回から注記不要論が出ていました。

一方，1998年，会計士制度50周年を記念したシンポジウムで，企業会計審議会の会長は，将来，IAS（国際会計基準）を日本国内で受け入れることを表明していました（磯山［2010］，pp.95-96）。その翌々年の2000年に企業会計審議会が「固定資産の会計処理に関する論点の整理」を公表したことによって，固定資産部会が設置されるに至っています。会長の表明を貫くには，減損会計の導入が延期とならないような戦略が採られても不思議ではありません。もちろん，これは推測の域を出ないものです。

(3) ASBJにおける注記議論

ASBJは，減損会計基準の中で，それを実務に適用する場合の具体的な指針を取りまとめることが求められました。これを受けて，減損会計専門委員会を設置し，また，2002年9月6日にその第1回の審議を行います。その後，24回の審議を重ねた結果，2003年10月31日に，企業会計基準適用指針第6号「固定資産の減損に係る会計基準の適用指針」（以下，「減損適用指針」という。）を公表しました。

当時のASBJの審議状況は，**図表１－３**のとおり，３つのフェーズに整理できます。

図表１－３　ASBJにおける検討過程

時　期	検討・公表資料
2002年９月　～2003年２月	検討フェーズ１
2003年３月５日	「『固定資産の減損に係る会計基準の適用指針』の検討状況の整理」の公表
2003年６月　～2003年７月	検討フェーズ２
2003年８月１日	企業会計基準適用指針公開草案第６号「固定資産の減損に係る会計基準の適用指針（案）」の公表
2003年９月　～2003年10月	検討フェーズ３
2003年10月31日	企業会計基準適用指針第６号「固定資産の減損に係る会計基準の適用指針」の公表

第１フェーズは，2003年３月５日に「『固定資産の減損に係る会計基準の適用指針』の検討状況の整理」（以下，「検討状況整理」という。）が公表されるまでの期間です。減損適用指針の公開草案を公表する前に，その時点までの検討状況を知らせるとともに，広くコメントを求めました。

第２フェーズは，2003年８月１日に企業会計基準適用指針公開草案第６号「固定資産の減損に係る会計基準の適用指針（案）」が公表されるまでの期間です。検討状況整理に対する意見を踏まえて，さらに検討が行われました。

第３フェーズは，2003年10月31日に減損適用指針が公表されるまでの期間です。公開草案に対する意見を踏まえて，最終的な意見が集約されました。

① 第１フェーズの注記議論

このフェーズにおける注記事項の議論の状況は，次のとおり，検討状況整理の第40項に減損適用指針の考え方が示されています。

> 注記事項
> 40. 重要な減損損失を認識した場合に注記することとなる回収可能価額の算定方法等の事項には，回収可能価額が使用価値の場合，使用価値の算定に際して用いられた割引率を含めるべきであるという考え方と，必ずしも注記に含める必要はないという考え方がある。これについては，引続き検討することとする（第102項参照）。

また，検討状況整理の第102項には，考え方の背景が示されています。

> 注記事項
> 102. 重要な減損損失を認識した場合には，減損損失を認識した資産，減損損失の認識に至った経緯，減損損失の金額，資産のグルーピングの方法，回収可能価額の算定方法等の事項について注記する（減損会計基準 四 3．参照）が，この中には，少なくとも使用価値の算定に際して用いられた割引率を含めるべきであるという考え方がある。これは，当該割引率が，企業に固有の事情を反映して見積られることから開示を行うことが適当であり，また，翌期以降，当該資産又は資産グループの収益性を反映する情報であることから，有用であると考えられることによる。
> 　これに対して，企業に固有の事情を反映して見積られるとしても，適用指針に基づいて算定されている限り，開示する必要性は乏しく，使用価値の算定に際して用いられた割引率を注記することとなる事項に必ずしも含める必要はないという考え方がある。したがって，この取扱いについては，引続き検討することとする（第40項参照）。

これらの説明から，使用価値の算定に際して用いられた割引率を注記すべきかどうかが論点とされていたことが理解できます。また，これ以外の論点が示されていないため，この時点では適用指針において注記事項の追加を想定していなかったものと推測されます。

②　第2フェーズの注記議論

このフェーズにおける注記事項の議論の状況は，検討状況整理に対する「主なコメントの概要とそれらに対する対応」（以下，「検討状況整理コメント対応」という。）から読み取れます。論点としては，「割引率の注記」と「減損未認識の場合の開示」の2点です。これらに関連する箇所を抜粋したものが，**図表1－4**です。

図表1－4　検討状況整理コメント対応（注記事項）

論点の項目	論点の内容とコメントの概要	コメントへの対応
⑾　表示及び開示（検討状況の整理第39項～第40項）	（割引率の注記） 割引率は，企業経営上の問題があること，資産又は資産グループや時期によって異なる可能性があること，使用価値の算定は割引率にのみ依存しているわけではないことから，注記する必要はない。	単に割引率の数字だけを開示することは問題ないとして，割引率を注記事項とした（第53項）。
	使用価値の算定における恣意性を排除するためにも割引率は注記されるべきである。注記は必要と考えられるが，実務上は，割引率の分布する範囲（xx-xx%）を表示する他ないのではないか。注記できないのであれば，客観性を維持するための検証手段として，正味売却価額を求めるべき。	
	（減損未認識の場合の開示） 重要な減損の認識の有無に拘わらず，減損会計を適用した場合には，その概要（グルーピング方法，割引率等）について，適用指針において注記を求める必要はないか。	意見書・基準においては，「重要な減損損失を認識した場合」に注記が求められているためそれ以上の開示は求められない。
	企業間の比較可能性を担保するため，「減損の兆候」があったが減損会計を適用しなかった資産のうち，重要性があるものについては，その旨及び減損会計を適用しなかった経緯などについて注記すべき。	

１点目の割引率の注記は，検討状況整理の中で継続検討事項として取り扱われていたものでした。賛否両論のコメントが寄せられる中，ASBJ は割引率の数字だけを開示する分には支障がないとの考え方を示します。

２点目の減損未認識の場合の開示は，検討状況整理では挙げられていなかった論点です。減損会計基準では重要な減損損失が計上された場合に注記を求めているものの，そうではない場合にも一定の注記を必要とするコメントが寄せられました。ASBJ は，検討状況整理コメント対応の中で，重要な減損損失が計上されない場合における注記を不要とする考え方を示します。その理由は，減損会計基準がそれを求めていないからです。ここからも，ASBJ による減損適用指針は，減損会計基準の枠内で注記事項の定めをより具体化していく役割を持っていることが理解できます。

これらの点は，確定した減損適用指針にも引き継がれました。

③　第３フェーズの注記議論

このフェーズにおける注記事項の議論の状況は，企業会計基準適用指針公開草案第６号「固定資産の減損に係る会計基準の適用指針（案）」に対する「主なコメントの概要とそれらに対する対応」（以下，「公開草案コメント対応」という。）から読み取れます。これらに関連する箇所を抜粋したものが，**図表1－5**です。コメントへの対応として，４点が示されています。

１点目は，減損損失が計上されなかった場合の注記の取扱いです。検討状況整理に対するコメントが公開草案にも引き続き寄せられました。今回は，特にグルーピングの方法について継続的な開示を求める意見でした。これに対して，ASBJ は，検討状況整理コメント対応よりも踏み込んだ見解として，それは「過度な開示」だと主張します。単に減損会計基準の枠内で検討しているのではなく，自ら不要論を提示しました。減損適用指針の根底にあるこうした考えが，減損会計基準や減損適用指針に準拠しているだけでは機関投資家との継続的な開示コミュニケーションを不十分なものにさせる原因を生み出します。

２点目は，経済的残存使用年数の追加を求めるコメントへの対応です。この

図表1－5　公開草案コメント対応（注記事項）

論点の項目	コメントの概要	コメントへの対応
⑾　開示（公開草案第52項～第54項）	減損の兆候があったが減損損失を認識しなかった場合にも，グルーピングの方法の開示は必要だと考えられる。	減損損失を認識しなかった場合にも注記することは過度な開示と考えられる。ただし，関連する情報を開示することが有用と考えられるときがあり，その場合には，導入初年度に注記することができるものとした（第58項及び第140項）
	特殊な業種ゆえに例外的なグルーピングを行うことに合理性が認められる場合には，特別な資産のグルーピングを行っていることを，財務諸表に重要な会計方針として記載させるべきである。	
	減損損失を認識しない際の注記を求めないとの公開草案の内容に賛成である。	N/A
	使用価値算定のためには，割引率と経済的残存使用年数が重要な要素であるため，第53項⑸の注記事項に経済的残存使用年数を追加すべきである。	他の開示項目とのバランスや国際的な基準にも鑑み，開示は求めない。
	貨幣の時間価値だけを反映した無リスクの割引率を注記するものとされているが，将来CFが見積値から乖離するリスクを将来CFの見積もりに反映させている旨も合わせて開示させるべき。	企業が開示することは妨げない。
	使用価値の算定に際して用いられる割引率を開示することは，対外競争上の企業秘密を開示することにつながるので，注記すべきではないと考える。	割引率のみ開示することは，許容範囲と考えられる。

点，個別の資産に関する耐用年数は開示されておらず，また，国際的な会計基準でもそのような開示が求められていないことから，採用には至りませんでした。

3点目は，将来キャッシュ・フローが見積値から乖離するリスクを将来キャッシュ・フローの見積りに反映させた場合の割引率の記載を求めるコメントへの対応です。これについては開示を妨げないとの見解が示され，また，確定版の減損適用指針第141項でも同様の記載があります。

4点目は，割引率そのものの開示に批判的なコメントへの対応です。検討状況整理コメント対応では「問題ない」としていたところ，公開草案コメント対応では「許容範囲」と表現を和らげています。また，確定版の減損適用指針第141項では，対外競争上の企業秘密を開示することにつながるおそれがあるとの指摘もあることから，割引率の算定方法の開示までは求めないと説明しています。

このように，ASBJによる減損適用指針による注記事項の定めは，企業会計審議会による減損会計基準の注記事項の定めを具体化したものでした。また，減損適用指針が要求する注記事項は，割引率を除き，米国財務会計基準書第144号（Accounting for the Impairment or Disposal of Long-Lived Assets：長期性資産の減損又は処分の会計処理）にほぼ同様です。したがって，減損会計基準や減損適用指針が要求する注記事項が適切にデザインされているかどうかは，米国財務会計基準書第144号のデザイン次第です。ただし，会計基準としての体系が完全に一致しているわけではないため，デザインが適切である保証はありません。

03 減損プロセスの「見える化」

(1) 損失先送りの疑念が払拭できない

ここまでの説明を通じて，減損会計基準は，注記事項の定めについて十分な議論がないまま公表された可能性があることを確認しました。また，減損適用指針は，減損会計基準が要求する注記事項の記載の仕方について具体化することが役割のため，注記事項そのものの検討は行われていないことも確認しました。その結果，減損会計が求める注記事項は，重要な減損損失が計上された場合に限って，その損失の内容を説明するものとなっています。

確かに，減損会計基準は，設備投資を行ったものの，その収益性が低下しているにもかかわらず，売却や除却をしない限り，損失が計上されないようなそれまでの会計処理を是正するために導入されました。これによって，損失が先送りされてしまう点はクリアできています。

しかし，機関投資家から見たときには，計上された減損損失の内容はある程度理解できたとしても，損失が先送りされていない状況までは理解できません。つまり，減損プロセスが「見える化」されていないのです。特にのれんの減損は会計上の見積りが重要であるため，どのような見積りによって減損損失の計上を不要と判断したかの説明がなければ，投資先の中長期の企業価値を判断しようがありません。

今となっては，減損会計基準には，この点が完全に抜け落ちているのです。減損適用指針も，減損損失が計上されなかった場合の注記は「過度な開示」とも結論づけていたように，この点には対応していません。したがって，減損会計基準や減損適用指針だけでは，減損損失の先送りの疑念を払拭することができないのです。

(2)　最近の開示制度による後押し

企業が，のれんの減損に関する開示コミュニケーションを行おうにも，減損会計基準や減損適用指針が制定された当時は，具体的な方法論が示されていない状態でした。しかし，現在の開示制度の下では，**図表１－６**のとおり，減損プロセスの「見える化」が後押しされています。

図表１－６　減損の開示コミュニケーションを後押しする関連制度

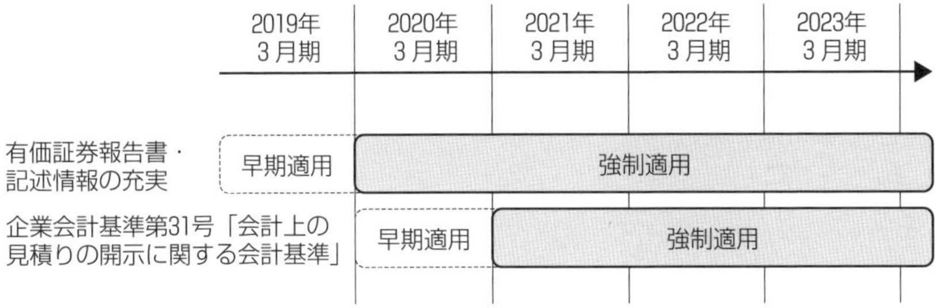

時系列に沿って説明すると，３月決算会社を前提としたときに，2020年３月期から，財務報告のうち財務諸表外の箇所，すなわち，記述情報について，その充実化を図る改正が適用されています。また，2021年３月期からは，財務諸表において，見積開示会計基準に基づく注記が強制適用となっています。これらを活用することで，減損会計基準の下ではなしえなかった，のれんの減損に関する開示コミュニケーションを実践していくことが可能となります。

このように，のれんの減損に関する開示コミュニケーションが行いやすい環境ではあるものの，まだまだ活用できていない企業が少なくないのも事実です。その原因の１つには，こうした環境をどのように活用していくのかがイメージできていないことがあると考えられます。

(3)　優良事例を活用するために必要なこと

見積開示会計基準に基づく注記や記述情報の充実について，優良な事例が登場しています。その中には，のれんの減損に関する開示コミュニケーションについて工夫している優良事例もあります。ただ，その事例の数が少ないため，目にする機会が多くないのかもしれません。

しかし，こうした事例を実際に目の当たりにすることで，のれんの開示コミュニケーションに関する景色が変わるものと期待できます。何か難しいことを記載する必要もなく，また，長文で説明する必要もありません。企業が減損に関するリスクマネジメントを適切に実施している限り，その取組みを端的に説明することで十分なのです。

このような優良事例を適切に活用していくためには，減損会計基準や減損適用指針に基づくPL注記のあり方や問題点を理解しておく必要があります。問題点を理解しなければ，見積開示会計基準に基づく注記や記述情報の充実において，どのように問題点をクリアすべきかがわからないまま開示してしまうからです。

そこで，続く**第２章**では，減損会計基準や減損適用指針に基づくPL注記についての理解を深めていきましょう。

第2章　減損プロセスとPL注記

01 減損プロセスの全体像

のれんの減損について，**第1章**では，減損会計基準および減損適用指針（以下，これらを合わせて「減損会計基準等」という。）に基づくPL注記だけでは，機関投資家に対する開示コミュニケーションとしては不十分である可能性を指摘しました。そこで本章では，開示コミュニケーションを充実させるためには，現状のPL注記では何が不足しているかを理解していきましょう。

減損会計基準等に基づくPL注記は，重要な減損損失が計上された場合に開示されました。この開示を行うには，減損損失の計上に至る業務プロセス（以下，「減損プロセス」という。）を理解する必要があります（**図表2－1**）。それは，「減損の兆候」「減損損失の認識」「減損損失の測定」のステップを順に踏

図表2－1　減損プロセスとのれんに特有な論点

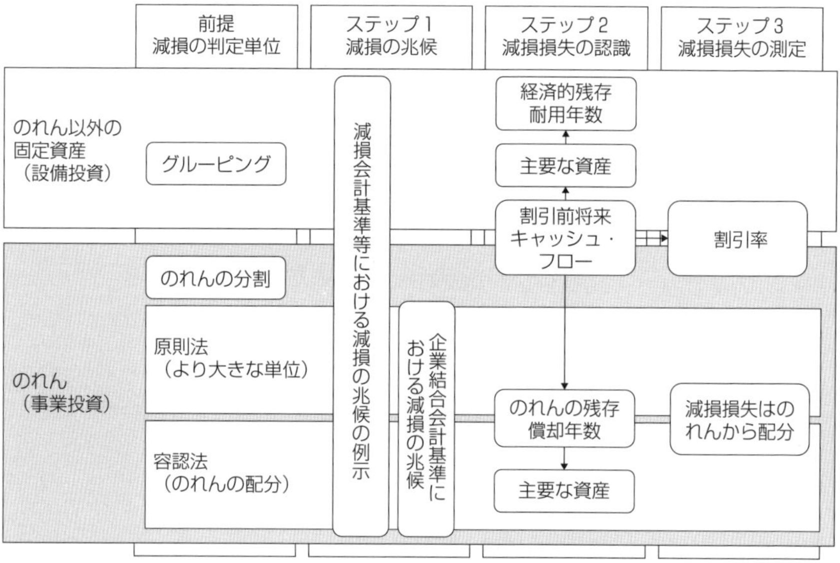

んでいきます。また，このステップを踏む前提として，あらかじめ減損を判定する単位を決めるために，複数の固定資産をグルーピングします。

このような減損プロセスについては，**図表２－１**のとおり，のれんに固有の論点があります。連結財務諸表に計上されるのれんは事業投資としての性格があるため，設備投資によって計上された固定資産に対する減損の判定とは異なる点があるからです。しかも，そうした違いを開示コミュニケーションに反映する情報として活用できることもあります。

次から，のれんの減損プロセスについて，３つのステップごとに解説をしたうえで，減損会計基準等に基づくPL注記のポイントを説明していきます。

02 のれんの減損の判定単位（減損プロセスの前提）

(1)　資産のグルーピング

①　資産のグルーピングの必要性

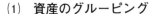

固定資産の減損会計を適用するに先立って，固定資産のグルーピングの要否とその範囲を検討します。なぜなら，複数の固定資産が一体となって独立したキャッシュ・フローを生み出す場合があるからです。

棚卸資産や有価証券などの資産は，個々の資産の販売・売却によって独立したキャッシュ・フローを生み出すため，減損処理の要否は個々の資産の状況に照らして判断されます。これに対して，固定資産は，複数の資産を一体として使用することを通じて投下資金の回収を図ることがあるため，減損処理の要否を判定するためには資産のグルーピングの要否とその範囲を検討する必要があるのです。

イメージしやすい例でいえば，物販や飲食の店舗が挙げられます。こうした店舗では，建物や内装，器具備品などの複数の資産を一体として使用することで，売上というキャッシュ・フローを獲得していきます。したがって，固定資産の減損の要否について，１つの店舗を構成する複数の資産をグルーピングしたうえで判定していきます。例えば，フロアの壁だけ，テーブルだけ，といった単位では独立したキャッシュ・フローを生み出すと想定されないため，こうした個々の資産に基づき減損の要否を判定することはありません。

② 資産のグルーピングの留意点

資産をグルーピングする際に留意すべきは，合理的な範囲とする点です。投資回収の判断の実態とは異なるグルーピングでは，減損処理を適切に行えないからです。

ここで，飲食事業を西麻布店，南青山店および神楽坂店の３店舗で展開しており，また，投資回収は店舗ごとに判断している例を考えてみます。南青山店は投資回収が見込めないほどに低い収益性である一方，他の２店は南青山店の不採算を回収できるほどに高い収益性であったとします。本来であれば，店舗ごとに投資回収を判断しているため，減損会計の適用にあたって，それぞれの店舗を資産グループとすべきと考えられます。つまり，南青山店に関する固定資産に対して減損損失が計上されます。しかし，仮に３つの店舗を１つの資産グループとして設定すると，投資回収が可能と判断される結果，南青山店の減損損失の計上が回避されてしまいます。このように，大きすぎるグルーピングでは，減損会計が適切に適用されない結果を招きます。

一方，南青山店の固定資産について，テーブルとその他の２つにグルーピングし，かつ，テーブルが少額，その他が多額であったとします。このとき，投資回収が見込めない資産グループはテーブルだけだと判断したうえで，当該資産グループにのみ減損処理を行うと，減損損失が実態よりも過少計上となってしまいます。よって，小さすぎるグルーピングも問題が生じるのです。

そこで，資産のグルーピングは，他の資産または資産グループのキャッシュ・フローから概ね独立したキャッシュ・フローを生み出す最小の単位とすることが求められます（減損会計基準二６）。実務的には，管理会計上の区分や投資の意思決定（資産の処分や事業の廃止に関する意思決定を含む）を行う際の単位等を考慮してグルーピングの方法を定めます（減損会計意見書四２(6)

①）。

③　のれんの減損を判定する単位

企業買収によって連結財務諸表上に生じたのれんは，買収先の企業から受け入れた資産や引き受けた負債のうち，企業結合日における識別可能資産および負債を時価評価した金額の純額と，取得関連費用を除く支払対価との差額として計上されます。このように，のれんは会計処理上の差額であるため，それ自体では独立したキャッシュ・フローを生みません。そのため，のれんの減損は，のれんが帰属する事業に関連する資産グループとともに判定します。

この判定単位について，のれんの「分割」と「配分」という論点があります。これらは，のれんの減損損失の計上額に直接影響を及ぼすため，慎重に検討する必要があります。

(2)　のれんの分割

①　該当するケース

企業買収によって取得した子会社が，1つの事業を手掛けている場合もあれば，複数の事業を展開している場合もあります。

1つの事業を手掛ける企業を買収した場合には，企業結合によって生じたのれんは当該事業にのみ帰属します。事業の単位が1つのため，のれんを分割する議論は生じません。このとき，のれんの減損は，当該単一の事業に関連する資産グループとともに判定します。なお，実施する手続としては，子会社の単位による判定と同じです。

これに対して，複数の事業を展開する企業を買収した場合には，のれんの分割が論点となります。のれんは，取得した事業の超過収益力を示すものと考えられています。事業が異なれば超過収益力も異なるため，実質的には複数ののれんが生じているところ，これらを一括して減損を判定していくことは適当ではありません。それでは，減損会計の判定単位が大きすぎます。

したがって，取得した事業ごとにのれんを計上するために，企業結合によって生じたのれんを分割します（減損会計基準二８）。

②　分割の要件

のれんを分割するには，所定の要件を満たす必要があります。それは，取得の対価が概ね独立して決定され，かつ，取得後も内部管理上独立した業績報告が行われる単位とすることです（減損会計基準注解９）。ここから，次の２つの要件をいずれも満たす必要があります。

〔要件１〕　取得の対価が概ね独立して決定される単位であること
〔要件２〕　取得後も内部管理上独立した業績報告が行われる単位であること

反対に，複数の事業を展開している企業を買収したとしても，この２つの要件をすべて満たさない場合も考えられます。例えば，買収の支払対価について事業ごとに決定していないときには，〔要件１〕を満たしません。また，支払対価は事業ごとに決定されたとしても，取得後は会社単位によって業績報告を行うときには，〔要件１〕を満たしても〔要件２〕を満たしません。よって，のれんは，必ずしも分割できるとは限りません。

③　事業セグメントとの関係

のれんの帳簿価額を分割し帰属させる事業の単位は，通常，資産グループよりは大きく，かつ，開示対象セグメントの基礎となる事業区分と同じか小さいものと考えられます（減損適用指針第131項）。

事業の単位については，例えば，飲食事業には西麻布店，南青山店，神楽坂店のように複数の資産グループが設定されるケースが想定されます。よって，「通常，資産グループよりは大きい」関係になります。

また，セグメント情報の開示における事業セグメントとの関係も理解しておく必要があります。事業セグメントとして決定するための要件の１つに，企業の最高経営意思決定機関が，企業の構成単位に配分すべき資源に関する意思決定を行い，また，その業績を評価するために，その経営成績を定期的に検討するものであることが挙げられています（企業会計基準第17号「セグメント情報等の開示に関する会計基準」第６項(2)）。よって，事業セグメントよりもブレークダウンした単位で投資回収の意思決定が行われることはあっても，その反対はありえません。例えば，飲食事業と物販事業が相互に関連性がない状況において，２つの事業をまとめた投資回収を判断することに合理性はありません。のれんは事業に帰属することから，その単位が事業セグメントより大きいことはないため，「開示対象セグメントの基礎となる事業区分と同じか小さい」関係になります。

④　のれんの分割の数値例

のれんの分割について，簡単な数値例を挙げると**図表２－２**のとおりです。

図表２－２　**のれんの分割に関する数値例**

１．前提条件

企業買収によって，飲食事業と小売事業を展開する企業の議決権100%を現金を対価として取得した。

また，次のとおり，事業ごとに取得の対価が概ね独立して決定されている。

（単位：通貨単位）

区分	取得の対価	時価評価額（注）	差引
飲食事業	2,100	1,800	300
物販事業	1,100	1,000	100
計	3,200	2,800	400

（注）識別可能資産および負債の時価評価額（純額）を示す。無形資産や企業結合に係る特定勘定はない。

2．のれんを分割しない場合

2つの事業は，取得後に内部管理上独立した業績報告が行われない。よって，複数の事業に係るのれんを一括して計上する。

借方		貸方	
事業	2,800	預金	3,200
のれん	400		

3．のれんを分割する場合

2つの事業は，取得後に内部管理上独立した業績報告が行われる。よって，のれんの帳簿価額について，事業の取得時における時価の比率に基づき分割する。

借方		貸方	
飲食事業	1,800	預金	2,100
のれん	300		
物販事業	1,000	預金	1,100
のれん	100		

(3) のれんの配分

のれんについて分割の要否を検討した次に，減損を判定する単位を決定する必要があります。

のれんの減損を判定する単位は，当該のれんが帰属する事業に関連する資産グループとともに判定すると説明しました。事業が1つの場合には，その事業に関連する資産グループとともに，また，事業が複数の場合には，それぞれの事業に関連する資産グループとともに判定します。この判定単位の決定方法には，原則法と容認法があります。

① 原則法

原則法とは，より大きな単位でグルーピングを行う方法です。具体的には，のれんの減損について，のれんが帰属する事業に関連する複数の資産グループにのれんを加えた，より大きな単位によって判定するものです。

例えば，飲食事業を展開する企業を買収した場合に，飲食事業に関する固定資産の減損会計における資産グループは店舗ごとに決定されるものと考えられます。西麻布店，南青山店，神楽坂店それぞれに関連する固定資産がグルーピングされます。このとき，のれんの減損を判定する単位について原則法を採用すると，飲食事業の各資産グループにのれんを加えた，より大きな単位によって減損判定を行います。よって，のれんの配分という論点は生じません。

②　容認法

容認法とは，のれんの帳簿価額を資産グループに配分する方法です。具体的には，のれんの減損について，のれんの帳簿価額を当該のれんが帰属する事業に関連する資産グループに合理的な基準で配分することができる場合に，のれんの帳簿価額を各資産グループに配分したものを単位として判定するものです。先ほどの飲食事業の例でいえば，西麻布店，南青山店，神楽坂店それぞれの資産グループの固定資産の帳簿価額に，のれんの配分額を加えた金額に基づき，資産グループごとに減損を判定します。

なお，この方法を採用する場合には，のれんの減損を判定する単位が原則法よりも小さくなります。このことが減損計上の回避として利用されないように，次の3つの留意点が歯止めとして規定されています（減損適用指針第53項）。

(1)	適格性	のれんの帳簿価額を各資産グループに配分して管理会計を行っている場合や，のれんが帰属する事業が，各資産グループの将来キャッシュ・フローの生成に密接に関連し，その寄与する度合いとの間に強い相関関係を持つ合理的な配賦基準が存在する場合には，のれんの帳簿価額を各資産グループに当該合理的な配賦基準で配分することができる。
(2)	継続性	当期にのれんの帳簿価額を各資産グループに配分する方法を採用した場合には，翌期以降の会計期間においても同じ方法を採用する必要がある。ただし，事実関係が変化した場合（例えば，資産のグルーピングの変更，主要な資産の変更，資産グループ内での設備の増強や大規模な処分，資産グループ内の構成資産の経済的残存使用年数の変更など）には，この限りではない。
(3)	類似性	当該企業の類似の資産グループにおいては，同じ方法を採用する必要がある。

③　のれんの配分の数値例

のれんの配分について，簡単な数値例を挙げると**図表2－3**のとおりです。

図表 2-3 のれんの配分に関する数値例

1．前提条件

図表 2-2 に同じ。ただし，のれんを分割している。 なお，飲食事業における資産グループの帳簿価額は，西麻布店が720，南青山店が630，神楽坂店が450であった。また，物販事業については省略する。

2．飲食事業（容認法）

（単位：通貨単位）

	判定単位		
	帳簿価額	のれんの配分	配分後帳簿価額
西麻布店	720	120	840
南青山店	630	105	735
神楽坂店	450	75	525
事業計	1,800	300	2,100
のれん	300	△300	0
合計	2,100	0	2,100

(4) 決算資料で引き継ぐべき 2 つの事項

のれんの減損を判定する単位の決定には，のれんの「分割」と「配分」という論点がありました。これらの設定の実施や選択によって，減損損失として計上される金額が変わります。

思い出したいのは，**第 1 章**で説明した，減損適用指針の公開草案に寄せられたコメントです。減損の有無にかかわらず資産のグルーピングの注記を求める意見がありました。のれんに限らず固定資産の減損判定では，大きすぎることなく，小さすぎることなく，合理的な範囲で資産がグルーピングされていることが重要です。また，グルーピングの状況が「見える化」されることによって，減損プロセスが適切に実施されるかどうかを判断できます。

のれんの分割や配分に関する情報は，減損会計基準等に基づく PL 注記に反映できます。また，この PL 注記以外にのれんの減損に関する開示コミュニケーションを行うときにも，情報提供の 1 つとすることができます。このような開示を実践するためには，のれんが発生した都度，次の 2 点の対応が必要です。

①　のれんの分割に関する文書化

これは，のれんの減損を判定する単位がどのように決定されたかについての文書化です。企業買収ごとに，のれんを分割したかどうかの事実や，分割した場合には要件を満たすかどうかの検討過程について決算資料に記録しておくことが欠かせません。

②　のれんの配分に関する文書化

これは，のれんの配分について，より大きな単位でグルーピングを行う原則法か，あるいは，のれんの帳簿価額を資産グループに配分する容認法のいずれかを採用したかの文書化です。特に容認法の採用には，適格性，継続性および類似性について留意する必要があるため，これらへの該当の可否や抵触の有無について検討しなければなりません。したがって，財務報告の説明責任を果たすためには，その検討過程を決算資料に記録しておくことが不可欠です。

このほか，のれんの償却期間が長い場合には，どのように減損判定の単位を決定したかの記録を適時に閲覧できる体制が必要になります。いざ，のれんの重要な減損損失についてPL注記を行う際に，のれんを計上した当時の検討状況が把握できなければ，適切な開示が行えないからです。

例えば，のれんを5年間で償却している場合には，未償却残高が計上されている間，すなわち，3年から4年前に実施したのれんの分割や配分の状況について確認しなければなりません。また，のれんを20年で償却している場合には，19年前まで遡る必要に迫られる状況も想定されます。

そこで，過去の決算資料を遡及して閲覧できる体制や必要な情報が毎期繰り越される体制を構築することが求められます。

03 のれんの減損の兆候（減損プロセスのステップ1）

(1) 減損の兆候を検討しなければならない理由

① 実務上の過大な負担への配慮

減損会計基準等では，減損プロセスのステップ1として，資産または資産グループに減損が生じている可能性を示す事象，すなわち，減損の兆候の有無についての検討が求められます。これは，減損会計が対象とする資産すべてに，減損損失の認識の要否について判定を求めるのは，実務上，過大な負担を課すことに配慮したものです。

そこで，減損会計基準では，減損の兆候がある場合に限り，減損損失を認識するかどうかを判定するステップ2に進むようデザインされました。反対に，減損の兆候がなければ，減損プロセスをそれ以上進むことまでは要求されていません。このデザインは，のれんの減損についても同様です。このように，減損の兆候を検討するステップ1は，その後のステップに進むかどうか，すなわち，減損損失を計上すべきかどうかに直接的な影響を及ぼすため，重要な位置づけです。

なお，IFRS 会計基準を適用している場合には，のれんについては，減損の兆候があるかどうかにかかわらず，毎年，減損テストを行わなければなりません（IAS 第36号「資産の減損」第10項(b)）。つまり，帳簿価額と回収可能価額とを比較する必要があるのです。IFRS 会計基準ではのれんを非償却資産として取り扱っているため，のれんの帳簿価額をそのまま計上し続けていくことの正当性が問われるのです。

② 減損の兆候に関する例示の取扱い

減損会計基準「二　減損損失の認識と測定　1．減損の兆候」には，次のとおり，減損の兆候に関する例示が列挙されています。

- 資産または資産グループが使用されている営業活動から生ずる損益またはキャッシュ・フローが，継続してマイナスとなっているか，あるいは，継続してマイナスとなる見込みであること
- 資産または資産グループが使用されている範囲または方法について，当該資産または資産グループの回収可能価額を著しく低下させる変化が生じたか，あるいは，生ずる見込みであること
- 資産または資産グループが使用されている事業に関連して，経営環境が著しく悪化したか，あるいは，悪化する見込みであること
- 資産または資産グループの市場価格が著しく下落したこと

注意したいのは，これらはチェックリストのように消し込むものではない点です。それは，２つの理由によります。

１つ目の理由は，例示に過ぎないからです。つまり，網羅性が確保されていないのです。漏れのあるチェックリストでは役に立つはずがありません。これらの減損の兆候の例示を消し込むことで検討を済ませているようでは，減損損失が適切に計上されないリスクを高めてしまいます。

２つ目の理由は，減損の兆候を識別していく方法として適切ではないからです。こうした例示が検討のスタートではありません。というのも，企業は，内部管理目的の損益報告や事業の再編等に関する経営計画などの「企業内部の情報」と経営環境や資産の市場価格などの「企業外部の要因に関する情報」に基づき，減損の兆候がある資産または資産グループを識別していくことが前提とされているからです（減損会計意見書四２）。決して，資産または資産グループが減損の兆候の例示に該当しているかどうかをチェックしていくものではありません。決算数値が集計されてはじめて減損の兆候に気づく，あるいは，財務諸表監査で監査人から減損の兆候を指摘されて社内が騒ぎ出すようでは，減損の兆候を識別していく体制が構築されていないことを意味しています。

③　のれんの減損の兆候を判断する単位

のれんの減損を判定する単位には，原則法と容認法があると説明しました。

のれんの減損を判定するにあたって，より大きな単位でグルーピングを行う原則法を採用する場合，のれんが帰属する事業に関連する複数の資産グループにのれんを加えた，より大きな単位に減損の兆候があるかどうかを検討します。例えば，飲食事業ののれんについて原則法による場合，西麻布店，南青山店，神楽坂店という飲食事業の資産グループにのれんを加えた単位で，減損の兆候の有無を検討します。

一方，のれんの減損を判定するにあたって，のれんの帳簿価額を資産グループに配分する容認法を採用する場合，のれんの帳簿価額が配分された資産グループごとに減損の兆候の有無を検討します。

(2)　減損会計基準等における減損の兆候の例示

減損会計基準では，減損の兆候に関して，４つが例示されていると説明しました。これらは，設備投資による固定資産の場合にはそのまま当てはまるものの，のれんの場合には読み替える必要があります。それについて補足説明します。

①　営業活動から生ずる損益

連結財務諸表上ののれんについて減損の兆候を検討する場合，営業活動から生ずる損益には，のれんの償却費も含める必要があります。

減損の兆候に関する指標として営業活動から生ずる損益がプラスかマイナスかに着目するのは，投下した資金の回収ができるかどうかを判断するためです。減価償却費も含めた営業活動から生ずる損益が，プラスなら回収でき，反対に，マイナスなら回収できないと判断しやすいためです。これは，個別財務諸表における減損会計では，営業活動から生ずる損益には，減損の兆候を判定する資産または資産グループの減価償却費を含めること（減損適用指針第12項(1)）と同様の取扱いです。よって，のれんについて当該指標を用いて減損の兆候を検討する場合には，のれんの償却費も含めるべきです。

なお，企業は，設備投資であれ，事業投資であれ，一定の利回りの獲得を前提として事業活動を行っています。その際，ハードルレートを設けたり，資本コストで判断したりと，一定水準の利潤を得ることを想定したうえで，資金を投下しているはずです。したがって，リスクマネジメントが適切に実施されているならば，営業活動から生ずる損益がマイナスとなる以前に，ハードルレートや資本コストに満たなくなった時点（それでもプラス値）で，想定した利回りが獲得できなくなった事態への対応を図るはずです。もちろん，急激な情勢悪化によって営業活動から生ずる損益が一気にマイナスとなるケースもあるでしょう。ただし，それであっても，その時点で対応を図っていくものと考えられます。決して，翌年度もマイナスとなった実績が判明してから，減損の兆候かどうかを議論するものではありません。

これに対して，減損会計では，「営業活動から生ずる損益」のマイナスに着目します。すなわち，投下した資金の元本すら回収できない水準にあることを問題視しているのです。利回りがゼロどころか，マイナスという状況になってはじめて減損の兆候があると判断するのが，減損会計です。その意味では，リスクマネジメントを含むビジネス上の減損の判断のほうが，会計上の減損の判断よりも厳しいものと考えられます。

②　使用範囲または方法について回収可能価額を著しく低下させる変化

減損の兆候の例示の１つに，資産または資産グループが使用されている範囲または方法について，当該資産または資産グループの回収可能価額を著しく低下させる変化が生じたか，あるいは，生ずる見込みであることが挙げられます。例えば，資産または資産グループが使用されている事業の廃止や再編成，当初の予定よりも著しく早い処分などです（減損適用指針第13項）。こうした例示は，設備投資による固定資産ではそのまま活用できる場合があります。しかし，のれんの減損を判定する際には注意が必要です。

のれんの減損の兆候は，より大きな単位で行う場合，その大きな単位の資産グループの回収可能価額を著しく低下させる変化が生じたかどうかを検討しなければなりません。のれんが帰属する事業があり，また，その事業には複数の資産グループがある場合に，のれんを含まない単位での減損の兆候は各資産グループで判定されます。しかし，のれんを含む，より大きな単位で減損の兆候を判定する場合，個々の資産グループの使用範囲や方法の変化があったとしても，より大きな単位での回収可能価額を著しくは変化させないケースが考えられるからです。

例えば，飲食店を多数展開している企業が各店舗を資産グループとしていた場合に，ある店舗を売却しても，飲食事業全体のキャッシュ・フローに大きな影響を及ぼさないのであれば，のれんを含む，より大きな単位では減損の兆候はないと判断することもあるでしょう。それに対して，大半の店舗を閉鎖すると，飲食事業から生み出されるキャッシュ・フローにも影響を与えるため，のれんを含む，より大きな単位で減損の兆候があると判断するかもしれません。

このように，この例示の本質は，回収可能価額を著しく変化させるような変化の有無です。キャッシュ・フローの生み出し方の大きな変化とも換言できます。例示の文言を形式的にチェックしていくものではありません。

こうした使用範囲または方法の変化は事業ポートフォリオの見直しであるため，上場企業の場合，コーポレートガバナンス・コードの【原則５－２．経営戦略や経営計画の策定・公表】に従って取締役会で意思決定が行われるはずです。そのとき，のれんに回収不能となる部分が生じることも合わせて議論されるでしょう。そのような情報が財務報告を担う部門に共有されている限り，実質的な検討が行えると考えられます。

③　経営環境の著しい悪化

のれんはそれ自体ではキャッシュ・フローを生み出しません。したがって，のれんが帰属する事業の資産または資産グループが経営環境の著しい変化によって減損の兆候があると判定した場合，のれんを含む，より大きな単位でも減損の兆候があると判定されることが多いものと考えられます。例えば，材料価格の高騰や技術革新による著しい陳腐化，重要な法律改正などが挙げられます（減損適用指針第14項）。

経営環境の著しい変化への対応とは事業リスクへの対応にほかならないため，リスクマネジメントにおけるリスクの洗出しやそれへの対応の過程で，減損の兆候が識別されるものと考えられます。減損の兆候の例示を消し込むよりは，Politics（政治），Economy（経済），Society（社会），Technology（技術）の観点に基づく，いわゆるPEST分析などによって大きな論点を漏れなく識別していることのほうがリスクマネジメントとしては重要です。それについて，有価証券報告書における「事業等のリスク」の箇所で記載が行われるため，のれんの減損と関連することに留意が必要です。

④　市場価格の著しい下落

のれんはそれ自体ではキャッシュ・フローを生み出さないため，のれんに市場価格はありません。そのため，のれんが帰属する事業の資産または資産グループにおける固定資産の市場価格の判定結果が，そのまま，のれんを含む，より大きな単位における減損の兆候の判定として利用できると考えられます。

こうした市場価格の変動は必ずしも超過収益力の程度とは直結してはいないものの，それを図る目安として活用できる場合があるため，減損の兆候の例示として挙げられています。

(3)　企業結合会計基準における減損の兆候

のれんの減損の兆候に関する例示は，減損会計基準等のみに示されているわけではありません。2003年10月31日に公表された「企業結合に係る会計基準の設定に関する意見書」にも，例示があります。「三　会計基準の要点と基本的な考え方　3　取得の会計処理　(4)　のれんの会計処理」の中には，次の3つが挙げられています。

- 取得原価のうち，のれんやのれん以外の無形資産に配分された金額が相対的に多額になる場合
- 被取得企業の時価総額を超えて多額のプレミアムが支払われた場合
- 取得時に明らかに識別可能なオークションまたは入札プロセスが存在していた場合

したがって，のれんがこれらの事象に該当する場合には，減損の兆候が存在するものとして判定される場合がある点に注意が必要です。

また，これらの事象の有無は，のれんが発生した時点で判定できます。つまり，のれんが帰属する事業の営業活動から生ずる損益などの検討を踏むことなく，減損の兆候があるものと判定されるケースがあるのです。よって，減損会計基準等に示された減損の兆候の例示に該当しない場合であっても，この3つの例示に該当するときには，企業結合年度から減損の兆候が存在するものとして減損プロセスを進みます。

⑷　子会社株式の減損処理に関する留意事項

①　資本連結実務指針の取扱い

企業買収によって連結財務諸表上にのれんが発生する場合，個別財務諸表には買収した連結子会社に関する子会社株式が計上されます。この子会社株式について減損処理が行われたときに，連結財務諸表上ののれんを追加的に償却することが必要なケースがあります。これは，日本公認会計士協会（以下，「JICPA」という。）による会計制度委員会報告第7号「連結財務諸表における資本連結手続に関する実務指針」（以下，「資本連結実務指針」という。）第32項に示された取扱いです。

その内容を整理すると，次のとおりです。

〔要件1〕　個別財務諸表上，子会社株式の簿価を減損処理したこと
〔要件2〕〔要件1〕によって，減損処理後の簿価が連結上の子会社の資本の

　　　　親会社持分額とのれん未償却額（借方）との合計額を下回ること
〔会計処理〕　子会社株式の減損処理後の簿価と，連結上の子会社の資本の親会社持分額とのれん未償却額（借方）との合計額との差額のうち，のれん未償却額（借方）に達するまでの金額についてのれん純借方残高から控除する
〔表示〕　連結損益計算書にのれん償却額として計上しなければならない

　このうち，〔要件2〕と〔会計処理〕の関係について，**図表2－4**のとおり，簡単な設例を示しました。このように，個別財務諸表における子会社株式の減損処理に伴って，連結財務諸表におけるのれんを償却すべき状況があることを失念しないように注意する必要があります。

図表2－4　子会社株式の減損処理に伴うのれんの償却

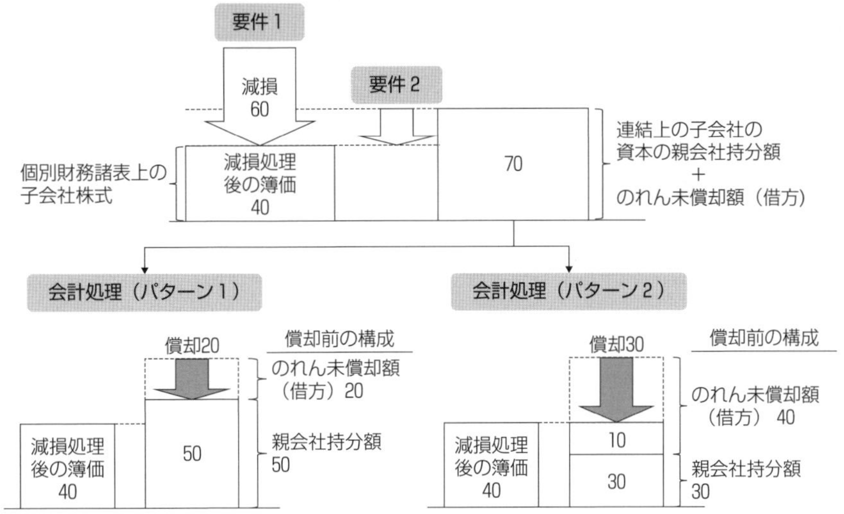

②　金融庁からの留意事項

　個別財務諸表上の子会社株式の減損処理に伴って，連結財務諸表上ののれん

を償却する場合，連結損益計算書には「のれん償却額」として計上します。しかし，開示としては重要な減損損失に関するPL注記に含めるかどうかを検討しなければなりません。これは，会計基準などの定めではなく，金融庁が示した見解に基づく取扱いです。

金融庁は，各年度の有価証券報告書についてレビューを実施するとともに，その結果を公表しています。2012（平成24）年度および2013（平成25）年度の実施結果には，減損損失等の計上と開示に関する留意事項の1つに，次の内容が示されました。

> また，連結子会社株式の減損に伴うのれんの一括償却であっても，実質的にその内容が減損と同様の内容であれば，減損損失を認識した場合と同様の開示が必要であると判断されることがある。

なお，次の「③　ASBJにおける改正議論」で説明するとおり，本書の執筆時点において，ASBJで資本連結実務指針の取扱いに関する改正の要否が審議されているため，開示検討にあたっては，その後の動向にご留意ください。

③　ASBJにおける改正議論

資本連結実務指針第32項に基づき，個別財務諸表上の子会社株式の減損処理に伴って連結財務諸表上で行うのれんの償却処理は，株式取得時に見込まれた超過収益力等の減少を反映するために行われます。減損会計を補完する位置づけとして考えられているものです。特に上場子会社を買収した場合に，この規定が適用されます。

しかしながら，個別財務諸表上における子会社株式の減損処理の結果に合わせることから，のれんの減損に金融商品としての時価が使用されることとなります。この時価の下落は，必ずしも超過収益力の減少を原因としたものとは限りません。また，連結上の固定資産としての回収可能価額が考慮されていないため，減損会計に基づく減損処理と整合しません。

そこで，JICPAによる資本連結実務指針の取扱いも含めて，ASBJは企業結合専門委員会を設置し，また，検討を進めています。ただ，基準諮問会議からASBJに「子会社，関連会社株式の減損とのれんの減損の関係」を検討するよう提言があったのが2016年7月，ASBJが企業結合専門委員会で審議することを決定したのが2017年1月のことです。また，企業結合専門委員会における検討状況がASBJに報告された実績は，本書の執筆時点で2018年2月と5月の2回にとどまっています。その後，4年以上も動きがありません。ただし，2022年5月23日付の「現在開発中の会計基準に関する今後の計画」では，「子会社株式及び関連会社株式の減損とのれんの減損の関係」が，開発中の指針の1つに挙げられているため，いずれ当該論点に関連する規定が改正される可能性は残っています。今後の動向に留意が必要です。

(5) リスクマネジメントに基づく判断

のれんの減損の兆候について，その有無を判定するためには，減損会計基準等に示された事象は例示に過ぎないことや，「企業結合に係る会計基準の設定に関する意見書」にも例示が挙げられていることを確認してきました。これに関して，2013（平成25）年度の有価証券報告書レビューの審査結果の中で，減損の要否の判断について十分でない事例が紹介されています。

－営業活動から生ずる損益が継続してマイナスになっている等，減損の兆候について慎重な検討を要する状況にあるにもかかわらず，企業独自に設定した基準を適用すること等により，十分な検討を行わないまま減損の兆候が無いものと判断し，その後の検討を省略している事例

この事例を踏まえて，「資産又は資産グループの減損の兆候については，企業内部の情報（損益報告等）及び企業外部の情報（市場価格等）に基づき，適切に識別する必要がある」との留意を促しています。すなわち，減損の兆候について，企業内部の情報および企業外部の情報に基づき識別する必要性が指摘されているのです。このように，減損の兆候の有無は，適切なリスクマネジメ

ントを実施したうえで，それに基づき判断していくものと理解できます。

04 のれんの減損損失の認識（減損プロセスのステップ２）

(1) 論点は割引前将来キャッシュ・フローの見積り期間

減損会計基準等は，減損プロセスのステップ２として，減損の兆候がある資産または資産グループについて，減損損失を認識するかどうかの判定を求めています。この判定にあたって，資産または資産グループから得られる割引前将来キャッシュ・フローの総額と帳簿価額とを比較します。この結果，資産または資産グループから得られる割引前将来キャッシュ・フローの総額が帳簿価額を下回る場合に，減損損失を認識します。

ここで，減損損失を認識するかどうかを判定するために，割引前将来キャッシュ・フローを見積る期間が論点となります。そこで登場するのが「主要な資産」です。これは，減損会計基準の注３において「資産グループの将来キャッシュ・フロー生成能力にとって最も重要な構成資産」と定義されています。この主要な資産の経済的残存使用年数が，割引前将来キャッシュ・フローの見積り期間とされます。

一方，のれんの減損判定では，のれんは，原則として，主要な資産には該当しません（減損適用指針の第24項）。のれんは，それ自体では独立したキャッシュ・フローを生まないからです。そのため，のれんの減損判定における割引前将来キャッシュ・フローの見積り期間は，のれんが帰属する事業に関連する資産グループに基づき算定します。このとき，のれんの減損を判定する単位として原則法と容認法とのどちらを採用しているかによって，ステップ２の方法が異なります。

(2) 原則法（より大きな単位）による判定方法

① 減損損失の認識の要否判定

のれんの減損について，のれんが帰属する事業に関連する複数の資産グループにのれんを加えた，より大きな単位によって判定する原則法を採用する場合，減損損失を認識するかどうかの判定は，次の２つを比較します。

- のれんを含まない各資産グループにおいて算定された減損損失控除前の帳簿価額にのれんの帳簿価額を加えた金額
- より大きな単位から得られる割引前将来キャッシュ・フローの総額

その結果，割引前将来キャッシュ・フローの総額が帳簿価額の合計額を下回る場合に，減損損失を認識します（減損適用指針第52項(2)）。

例えば，飲食事業ののれんについて原則法を採用する場合，まず，西麻布店，南青山店，神楽坂店という飲食事業の資産グループの帳簿価額（減損損失控除前）の合計額に，のれんの帳簿価額を加えた金額を算定します。次に，のれんを加えた，より大きな単位である飲食事業全体から得られる割引前将来キャッシュ・フローの総額を算定します。最後に，これらを比較することで，減損損失の認識の要否を判定します。

② 割引前将来キャッシュ・フローの見積り期間

のれんに関して，より大きな単位でグルーピングを行う場合において，減損損失を認識するかどうかを判定するために将来キャッシュ・フローを見積る期間とは，のれんの残存償却年数です。

ここで注意したいのは，減損適用指針の読み方です。そこでは，原則として，のれんの残存償却年数（のれんが複数ある場合には，のれん全体の帳簿価額のうち，その帳簿価額が大きな割合を占めるのれんの残存償却年数）と20年のいずれか短いほうとすることが規定されています（減損適用指針第37項(4)）。しかし，のれんの償却期間は20年以内と規定されています（企業会計基準第21号「企業結合に関する会計基準」第32項)。したがって，のれんの残存償却年数を選択する結果となります。

このとき，のれんの残存償却年数が経過した時点における，のれんが帰属する事業に関連する資産グループの取扱いが論点となります。例えば，のれんの残存償却年数よりも，のれんが帰属する事業に関連する資産グループの経済的残存使用年数のほうが長い場合です。具体的には，のれんの残存償却年数が3年，のれんが帰属する事業に関連する資産グループの経済的残存使用年数が7年の場合に，4年目から7年目の期間における割引前将来キャッシュ・フローの取扱いです。のれんの減損では，のれんの残存償却年数を経過した時点で，のれんが帰属する事業に関連する資産グループを売却したものとして取り扱われます。よって，のれんの経済的残存使用年数経過時点における他の資産の回収可能価額は，原則として，当該時点における他の資産の正味売却価額とされます（減損適用指針第33項第4段落）。このとき，割引前将来キャッシュ・フローの総額は，次の合計として算出されます。

- のれんの残存償却期間から得られる将来キャッシュ・フロー
- のれんの残存償却期間が経過した時点の，のれんが帰属する事業に関連する資産グループの固定資産の正味売却価額

こうした正味売却価額に代えて，現在価値（減損適用指針第33項ただし書き）や適切な減価額を控除した金額（減損適用指針第33項また書き）を準用することも認められています。

これに対して，のれんの残存償却年数よりも，のれんが帰属する事業に関連する資産グループの経済的残存使用年数のほうが短い場合もあるかもしれません。具体的には，のれんの残存償却年数が5年，のれんが帰属する事業に関連する資産グループの経済的残存使用年数が3年の場合です。この場合，資産グループの現在の価値を維持するために合理的な設備投資が想定されているものと考えられます。資産または資産グループの現在の価値を維持するための合理的な設備投資は，それに関連する将来キャッシュ・フローを将来キャッシュ・フローの見積りに含めます（減損会計意見書四2）。

よって，割引前将来キャッシュ・フローの総額は，次の合計として算出されるものと考えられます。

- のれんの残存償却期間から得られる将来キャッシュ・フロー
- のれんが帰属する事業に関連する資産グループの経済的残存使用年数が経過した時点における設備投資支出

③　数値例

原則法におけるのれんの減損損失の認識について簡単な数値例を挙げると，**図表2－5**のとおりです。

実務上，注意したいのは，連結財務諸表の作成段階で，連結子会社の個別財務諸表では固定資産の減損判定がすでに行われている点です。個別財務諸表の固定資産の帳簿価額は，減損損失の金額が控除されているのです。よって，連結財務諸表上ののれんについて減損損失の認識の要否を判定するためには，連

図表2－5　のれんの減損損失の認識に関する数値例（原則法）

1．前提条件

図表2－2および**図表2－3**に同じ。なお，飲食事業における資産グループの減損判定プロセスは，「2．飲食事業」に示した表のとおりである。

2．飲食事業

（単位：通貨単位）

	A 判定単位 帳簿価額	Step1 減損の兆候 の有無	Step2 割引前 将来CF	Step2 減損損失 の認識	Step3 B 回収可能 価額	Step3 C＝B－A 減損損失	Step3 D＝A＋C 減損処理後 帳簿価額
(1) のれんが帰属する事業に関連する資産グループ							
西麻布店	720	なし	800	該当なし	750	該当なし	720
南青山店	630	あり	500	する	430	△200	430
神楽坂店	450	あり	550	しない	500	該当なし	450
事業計	1,800		1,850		1,680	△200	1,600
(2) より大きな単位							
のれん	300					△70	230
合計	2,100	あり	1,850	する	1,680	△270	1,830

（注）資料の一覧性の観点から，ステップ3も含めて記載している。のれんの減損損失の認識に関する判定プロセスは太線で囲った箇所となる。

結子会社から減損損失を控除する前の情報も入手する必要があります。

(3) 容認法（資産グループに配分）による判定方法

① 減損損失認識の要否判定

のれんの減損について，のれんの帳簿価額を資産グループに配分する容認法を採用する場合には，配分された単位で減損損失を認識するかどうかを判定します（減損適用指針第54項(1)）。

のれんの帳簿価額を各資産グループに配分しているため，資産グループごとに，資産グループから得られる割引前将来キャッシュ・フローの総額と帳簿価額とを比較します。したがって，割引前将来キャッシュ・フローの見積り期間は，のれんの帳簿価額が配分された各資産グループにおける主要な資産の経済的残存使用年数に基づきます。

例えば，飲食事業ののれんについて容認法を採用する場合，まず，西麻布店，南青山店，神楽坂店それぞれについて，各資産グループの帳簿価額（減損損失控除前）とのれんの配分額とを合算した金額を算定します。次に，個々の店舗から得られる割引前将来キャッシュ・フローの総額を算定します。最後に，これらを比較することで，減損損失の認識の要否を判定します。

② 数値例

容認法におけるのれんの減損損失の認識について簡単な数値例を挙げると，**図表2-6**のとおりです。

図表2－6　のれんの減損損失の認識に関する数値例（容認法）

1．前提条件
図表2－5に同じ。

2．飲食事業

（単位：通貨単位）

	判定単位			Step1	Step2		Step3		
	帳簿価額	のれんの配分	A 配分後帳簿価額	減損の兆候の有無	割引前将来CF	減損損失の認識	B 回収可能価額	C＝B－A 減損損失	D＝A＋C 減損処理後帳簿価額
西麻布店	720	120	840	なし	800	該当なし	750	該当なし	840
南青山店	630	105	735	あり	500	する	430	△305	430
神楽坂店	450	75	525	あり	550	しない	500	該当なし	525
事業計	1,800	300	2,100		1,850		1,680	△305	1,795
のれん	300	△300	0						
合計	2,100	0	2,100						

（注）資料の一覧性の観点から，ステップ3も含めて記載している。のれんの減損損失の認識に関する判定プロセスは太線で囲った箇所となる。

(4) ステップ2の「見える化」に重要な事項

減損プロセスのステップ2では，割引前将来キャッシュ・フローが資産または資産グループの帳簿価額を超えるかどうかが，次のステップに進むかどうかの分岐点となります。そのため，割引前将来キャッシュ・フローの見積り期間が重要な要素であることが理解できます。また，その見積り期間が中期経営計画よりも長い場合には，当該計画を超える期間において設定した成長率も重要な見積りの要素となります。

IFRS会計基準では，資金生成単位（単位グループ）に配分したのれんの帳簿価額が，企業全体ののれんの帳簿価額に比して重要である場合に，資金生成単位の回収可能価額が使用価値に基づいているときには，経営者がキャッシュ・フローを予測した期間を開示することが求められています（IAS第36号第134項(d)iii）。これは，我が国の減損会計基準等でいう，割引前将来キャッシュ・フローの見積り期間に相当します。また，同項では，直近の予算や予測が対象としている期間を超えてキャッシュ・フロー予測を推定するために用いた成長率も注記事項の1つに挙げられています。

しかし，我が国の減損会計基準等では，割引前将来キャッシュ・フローの見積り期間の開示を要求していません。**第1章**で紹介したように，減損適用指針の公開草案に対して，経済的残存使用年数の追加を求めるコメントが寄せられたものの，当時の状況に照らして採用には至らなかったからです。また，減損損失が計上されていない場合には，注記そのものが不要です。このように，減損会計基準等に基づくPL注記では，どのような成長率を設定したことによって減損損失の計上を不要と判断したかが説明されないのです。

減損会計基準等が設定されて20年が経過した現在の開示規則を踏まえると，のれんの開示コミュニケーションとして割引前将来キャッシュ・フローの見積り期間やその期間における成長率の説明が適切な場合があると考えられます。

05 のれんの減損損失の測定（減損プロセスのステップ3）

(1) 論点は割引率の設定

① 使用価値を算定する必要性

減損会計基準等では，減損プロセスのステップ3として，減損損失を認識すべきと判定した資産または資産グループの帳簿価額について，それを回収可能価額まで減額することが求められています。このときの減少額が，減損損失として計上されます。

ステップ3に至った場合には，資産または資産グループの回収可能価額を算定する必要があります。それは，売却による回収額としての正味売却価額と，使用による回収額としての使用価値とのうち，いずれか高いほうの金額です。経済的な合理性に照らしたときに，低いほうを選択することはないと考えられるためです。

このうち使用価値については，将来キャッシュ・フローの現在価値として算定されます。将来キャッシュ・フローには，資産または資産グループの継続的使用によって生ずると見込まれるものだけではなく，使用後の処分によって生ずると見込まれるものも含みます。また，将来キャッシュ・フローの現在価値を算定する割引率については，将来キャッシュ・フローが税引前の数値で算定されることと整合させるため，税引前の数値を用いる点に留意が必要です。

②　使用価値の算定に用いる割引率

使用価値の算定に用いられる割引率の算定方法には，資産または資産グループに係る将来キャッシュ・フローが見積りから乖離するリスクを反映するかどうかで，次の2つがあります（減損適用指針第45項，第46項）。

- 見積りからの乖離リスクを将来キャッシュ・フローに反映しない場合の割引率は，貨幣の時間価値を反映するだけではなく，将来キャッシュ・フローがその見積値から乖離するリスクも反映する。
- 見積りからの乖離リスクを将来キャッシュ・フローに反映する場合の割引率は，貨幣の時間価値だけを反映する。

なお，将来の特定の期間において将来キャッシュ・フローの見積りからの乖離リスクが高まると見込まれる場合があります。例えば，2020年初頭から新型コロナウイルス感染症が感染拡大したときのように，決算日から数年程度は当該乖離リスクが高まると予測する状況が挙げられます。そのような場合には，2つ目の割引率，すなわち，貨幣の時間価値だけを反映する方法が適してきます。1つ目の割引率を用いると，乖離リスクが高まると見込んでいない期間の将来キャッシュ・フローにまで相対的に高い水準の割引率を適用してしまうからです。

③　将来キャッシュ・フローの見積り期間

のれんの減損損失を測定する場合に，使用価値の算定のために将来キャッシュ・フローを見積る期間は，減損適用指針の第37項(4)に規定されていたとおり，のれんの残存償却年数とされます。

これらのポイントを踏まえたうえで，のれんの減損損失の測定は，のれんの減損を判定する単位として原則法と容認法とのどちらを採用しているかによって異なります。

⑵ 原則法（より大きな単位）による測定方法

のれんの減損について，のれんが帰属する事業に関連する複数の資産グループにのれんを加えた，より大きな単位によって判定する原則法を採用する場合には，次のとおり，減損損失を測定します。

まず，のれんが帰属する事業に関連する複数の資産グループについて減損損失を測定します（減損適用指針第52項⑶）。

次に，のれんを加えた，より大きな単位で減損損失を測定します（減損適用指針第52項⑷）。このとき，のれんを含まない各資産グループにおいて算定された帳簿価額は，減損損失を控除する前のものを用いる点に注意が必要です。こうすることで，のれんを加えることによって算定される減損損失が，のれんを含まない場合の減損損失と比較して増加したかどうかを判定できるからです。

最後に，のれんを加えることによって算定される減損損失の増加額は，原則として，のれんに配分します（減損適用指針第52項⑸）。のれんに配分する理由は，のれんを加えることによって算定される減損損失の増加額が生じた場合，当該判定単位の超過収益力がもはや失われていると考えられるからです（減損適用指針第132項）。よって，減損損失は，のれんの帳簿価額がゼロになるまで，優先してのれんに配分します。ただし，のれんの帳簿価額を上回るほどの減損損失が測定された場合には，その超過分について，のれんが帰属する事業に関連する複数の資産グループに合理的な基準に基づき配分します。

のれんの減損損失の測定について，原則法における数値例は，前掲の**図表2－5**をご覧ください。

⑶ 容認法（資産グループに配分）による測定方法

のれんの減損について，のれんの帳簿価額を資産グループに配分する容認法を採用する場合には，のれんの帳簿価額が配分された資産グループごとにのれんの減損損失を測定します。そのため，資産グループごとに，資産グループの帳簿価額とのれんの帳簿価額を配分した額の合計額を回収可能価額まで減額します（減損適用指針第54項⑵）。

その結果，減額した金額すなわち減損損失は，のれんに優先的に配分します（減損適用指針第54項⑶）。当該資産グループにおける超過収益力がもはや失われていると考えられるからです。ただし，のれんの配分額を上回るほどの減損損失が測定された場合には，その超過分について当該資産グループを構成する資産に合理的な基準に基づき配分します。

のれんの減損損失の測定について，容認法における数値例は，前掲の**図表２－６**をご覧ください。

⑷　資本コストに基づく経営を踏まえた割引率

減損プロセスのステップ３では，回収可能価額の算定が重要なポイントです。この算定次第で，減損損失の金額が大きくも小さくもなるからです。

回収可能価額のうち使用価値に焦点を当てた場合，将来キャッシュ・フローに関する見積り期間やそこでの成長率の重要性は，のれんの減損損失の認識と変わりません。減損損失の測定で新たに加わるものは，割引率です。**第１章**で紹介したとおり，割引率は注記そのものに賛否両論があったほどに，重要な論点でした。結果として，減損会計基準等は，重要な減損損失を計上した場合には割引率を注記事項の１つとして開示を求めています。

ここで，見積りからの乖離リスクを将来キャッシュ・フローに反映しない場合の割引率は，次のいずれか，または，これらを総合的に勘案して決定します（減損適用指針第45項）。

- 企業における資産または資産グループに固有のリスクを反映した収益率
- 企業に要求される資本コスト
- 資産または資産グループに類似した資産または資産グループに固有のリス

クを反映した市場平均と考えられる合理的な収益率
- 資産または資産グループのみを裏付け（いわゆるノンリコース）として大部分の資金調達を行ったときに適用されると合理的に見積られる利率

これらのうち，資本コストを用いるケースが増えていくものと推測されます。というのも，コーポレートガバナンス・コードの【原則5－2．経営戦略や経営計画の策定・公表】では，経営戦略や経営計画の策定にあたって資本コストを的確に把握することが求められているからです。また，のれんは事業投資であるため，同原則が求める事業ポートフォリオの見直しにも大きく関連します。そうした中，のれんの減損損失の測定にあたって，資本コストを割引率として用いる実務が増えていくものと予測できるのです。

注意したいのは，のれんの減損損失の測定にあたって正味売却価額を用いた旨を注記する事例です。この場合，使用による回収額としての使用価値よりも，売却による回収額としての正味売却価額のほうが高いことを意味するからです。それでも当該のれんが帰属する事業を継続することについて，説明が求められるでしょう。したがって，のれんの減損に関する開示コミュニケーションにおいて経営者の視点による説明を行うことが適切と考えます。

06 減損会計基準等に基づくPL注記

(1) 要求事項

減損会計基準等では，重要な減損損失に関するPL注記を求めています。また，減損適用指針における注記事項の定めは，**図表2－7**のとおり，基本的には財務諸表等規則にそのまま反映されています。

図表2－7　減損適用指針と開示規則との対応表

減損適用指針	財務諸表等規則第95条の3の2
58　重要な減損損失を認識した場合には，損益計算書（特別損失）に係る注記事項として，以下の項目を注記する。	1　減損損失を認識した資産又は資産グループ（複数の資産が一体となつてキャッシュ・フローを生み出す場合における当該資産の集まりをいう。以下同じ。）がある場合には，当該資産又は資産グループごとに，次の各号に掲げる事項を注記しなければならない。ただし，重要性が乏しい場合には，注記を省略することができる。
(1)　減損損失を認識した資産又は資産グループについては，その用途，種類，場所などの概要	一　当該資産又は資産グループについて，次に掲げる事項の概要 イ　用途 ロ　種類 ハ　場所 ニ　その他当該資産又は資産グループの内容を理解するために必要と認められる事項がある場合には，その内容
(2)　減損損失の認識に至った経緯	二　減損損失を認識するに至つた経緯
(3)　減損損失の金額については，特別損失に計上した金額と主な固定資産の種類ごとの減損損失の内訳	三　減損損失の金額及び主な固定資産の種類ごとの当該金額の内訳
(4)　資産グループについて減損損失を認識した場合には，当該資産グループの概要と資産をグルーピングした方法	四　資産グループがある場合には，当該資産グループに係る資産をグループ化した方法
(5)　回収可能価額が正味売却価額の場合には，その旨及び時価の算定方法，回収可能価額が使用価値の場合にはその旨及び割引率	五　回収可能価額が正味売却価額の場合にはその旨及び時価の算定方法，回収可能価額が使用価値の場合にはその旨及び割引率
ただし，減損会計基準を初めて適用した事業年度においては，減損損失を計上していなくとも，全般的な資産のグルーピングの方針等を注記することができる。	2　前項各号に掲げる事項は，財務諸表提出会社が連結財務諸表を作成している場合には，記載することを要しない。
	「財務諸表等の用語，様式及び作成方法に関する規則」の取扱いに関する留意事項について（財務諸表等規則ガイドライン）95の3の2
	規則第95条の3の2の注記に関しては，次の点に留意する。
	1　規則第95条の3の2にいう資産又は資産グループ，回収可能価額等の用語は，「固定資産の減損に係る会計基準」にいう資産又は資産グループ，回収可能価額等をいうものとする。
59　前項で示された注記事項は，資産グループごとに記載する。ただし，多数の資産グループにおいて重要な減損損失が発生している場合には，資産の用途や場所等に基づいて，まとめて記載することができる。	2　規則第95条の3の2に規定する注記事項は，多数の資産グループにおいて重要な減損損失が発生している場合には，資産の用途や場所等に基づいて，まとめて記載することができるものとする。

⑵　PL注記の記載状況

①　様　式

財務諸表等規則は，減損会計基準等に基づくPL注記として，記載すべき事項を規定しているものの，その様式までは規定していません。多くの事例では，財務諸表等規則によって定められた事項に沿って開示が行われています。とはいえ，開示の仕方については，企業によって異なっています。その中でも，多くの事例に共通した項目を整理すると，**図表2－8**のとおりです。

図表2－8　**減損会計基準等に基づくPL注記の様式例**

※●　減損損失
当連結会計年度（自　yyyy年mm月dd日　　至　yyyy年mm月dd日）
⑴　減損損失を認識した資産グループの概要

用途	種類	場所	減損損失
―	のれん	㈱■■■	x,xxx百万円

⑵　減損損失の認識に至った経緯
……（略）……。
⑶　資産のグルーピング方法
……（略）……。
⑷　回収可能価額の算定方法
……（略）……。

②　減損損失を認識した資産グループの概要

減損損失に関する注記の定めには，「当該資産又は資産グループについて，次に掲げる事項の概要」と「減損損失の金額及び主な固定資産の種類ごとの当該金額の内訳」が含まれています（財務諸表等規則第95条の3の2第1項第1号，第3号）。多くの事例では，これらを1つの表形式で記載しています。**図表2－8**の様式例では，これらの規定に沿って，「用途」「種類」「場所」「減損損失」を見出しとしています。開示事例によっては，この順番ではないものや，減損損失の金額を表以外で記載しているもの，「会社名」を追加しているものなどがあります。

このうち「用途」は，のれんの減損の場合に記載が難しい項目です。そこで，**図表2－8**の様式例のように「－」と記載するほかに，のれんが帰属する事業の名称を記載する事例や，会社名を記載する事例など，工夫が凝らされています。

同じように「場所」についても，のれんは物理的に存在しないため，記載が困難な項目です。**図表2－8**の様式例のように会社名を記載するほかに，のれんが帰属する事業を有する会社の所在地を記載する事例，「場所」を「会社名」に代えて記載する事例などがあります。

③　減損損失の認識に至った経緯

この項目の開示事例の多くでは，「収益性が著しく低下した」「超過収益力が見込めなくなった」などと簡素に記載されています。このような認識のもとで減損損失が計上されたことは事実であっても，その認識に至った経緯までは説明されていません。

この項目は，減損プロセスにおけるステップ1，つまり，減損の兆候の識別と関連が強いものです。減損会計基準等や開示規則では具体的に要求されていないものの，どのような減損の兆候を識別した結果，減損損失を計上したかを説明する方法が考えられます。例えば，「飲食事業では，新型コロナウイルス感染症の感染拡大に伴って外出機会が減少した影響を受けて，当該資産グループの営業損益が継続的にマイナスとなった」などと説明することができます。

また，営業損益の継続的なマイナスの理由として，買収当初の事業計画を下回っていることを挙げる開示事例もあります。そのときにも，計画を下回った直接的な原因に言及があることが適切です。例えば，「出店の予定が遅れた」「顧客からの新規受注が遅延した」「新製品の開発が遅れた」などの具体的な説明が考えられます。

このほか，「取得価額のうちのれんに配分された金額が相対的に多額となっていることから，減損の兆候があるものとして判断した」と説明することもできます。

このように，減損会計基準等で用いられている表現だけで説明するのではなく，企業の実情に応じた固有の情報も記載することが，開示コミュニケーションとして有用です。現在，見積開示会計基準が適用されていることを踏まえると，前期以前に会計上の見積りに関する主要な仮定として掲げた事項について，当期における動向や顚末を説明することも，有機的な開示として評価されるものと考えられます。

④　資産のグルーピング方法

ここでは，重要な減損損失を認識した資産グループについて，資産をグルーピングした方法を記載します（減損適用指針第58項(4)）。

減損損失を計上した場合に，この「資産のグルーピング方法」の注記にあたって，のれん以外の資産については説明するものの，のれんについては説明がない事例があります。また，例えば「独立したキャッシュ・フローを生み出す単位においてグルーピングを行っております」のように，減損会計基準等で用いられている表現だけで説明されている事例も少なくありません。

しかし，このような開示では，財務報告の利用者はのれんのグルーピングの実態を理解できません。資産のグルーピング方法によって減損損失の認識や測定に影響を与えるため，具体的に記載することが適切です。

したがって，少なくとものれんが帰属する事業について具体的な内容を記載する必要があると考えられます。このとき，のれんの分割や配分に関する情報を開示することが有用な場合もあるでしょう。

この「資産のグルーピング方法」という情報は，減損という会計上の見積りの前提として重要なものと考えられています（減損適用指針第140項ただし書き）。しかし，財務諸表の利用者がこの重要な情報を的確に理解しようにも，減損会計基準等に基づく開示だけでは限界があります。

なぜなら，減損会計基準等に基づくPL注記には「資産のグルーピング方法」が記載されるものの，それは，重要な減損損失を認識した資産に関するものに限定されるからです（減損適用指針第58項(4)）。つまり，重要な減損損失を認識していない資産グループについて，そのグルーピング方法が開示されることはないのです。また，重要な減損損失を認識した資産グループについても，当該損失を計上した年度の後にグルーピング方法を変更した場合に，減損会計基準等によって変更があったことの開示までは求められていません。

このように，「資産のグルーピング方法」は重要な情報でありながらも，減損会計基準等に基づくPL注記として開示するだけでは，財務諸表の利用者がそれを理解するのは困難な状況にあります。ここから，他の開示手段によって補足する必要があると指摘できます。

⑤　回収可能価額の算定方法

この項目は，減損プロセスにおけるステップ3，つまり，減損損失の測定と関連します。そこで用いる重要な情報には，将来キャッシュ・フローの見積りにおける主要な仮定，その見積り期間としての経済的残存使用年数，割引率の設定などが挙げられます。このうち，開示の要求があるものは，割引率のみです。

見積開示会計基準が適用されている現在では，将来キャッシュ・フローにおける主要な仮定についての説明が望まれます。また，IFRS会計基準におけるIAS第36号の取扱いを参考にすると，将来キャッシュ・フローの見積りにあたって用いられた成長率についての説明があってもよいでしょう。よって，将来キャッシュ・フローの見積りで用いた経済的残存使用年数，すなわち，のれんの残存償却年数も有用な情報といえます。もっとも，これらについて，減損会計基準等に基づくPL注記に含めるか，あるいは，そのほかの開示とするかは判断の余地があります。

(3)　根源的な問題点

ここまで，減損会計基準等に基づくPL注記について，記載すべき項目と記載にあたってのポイントを説明してきました。こうしたポイントを押さえた

PL 注記を開示できると，機関投資家との間で，のれんの減損に関する開示コミュニケーションが円滑に行えるものと期待できます。

しかし，減損会計基準等に基づく PL 注記は，重要な減損損失が計上された場合にしか開示されません。重要な減損損失に至っていない場合には，たとえ減損プロセスのステップ 2 まで進んでいたとしても，当該 PL 注記が開示されないため，その状況を説明できないのです。このような開示だけでは，財務諸表の利用者は，今後，重要な減損損失が計上される事態に現実味があるかどうかを判断することができません。

減損会計基準が公表された2002年から，20年が経過しています。**第 1 章**で説明したように，当時の状況と現在とは，開示制度を取り巻く環境が大きく異なっています。基準制定時のように，減損損失を先送りしないことだけを目的としていては，機関投資家の期待に応えることができません。いかに減損プロセスを「見える化」していくかに取り組むことが重要です。会計処理の結果を注記するだけの意識から，減損プロセスを開示していく意識へとシフトすることが求められます。

そこで注目したいのが，見積開示会計基準に基づく注記です。これによれば，重要な減損損失を計上していない場合にも，一定の条件のもとでのれんの減損に関する開示コミュニケーションが可能となります。それについて，**第 3 章**で解説していきます。

第3章 見積開示会計基準に基づく注記

01 改善の余地がある見積開示の注記事例

減損会計基準等に基づくPL注記は，**第2章**で説明したとおり，重要な減損損失が計上された場合にしか開示されませんでした。減損が行われた結果のみが示されるため，この注記だけでは，機関投資家が懸念する減損のサプライズを解消できません。そのため，のれんの減損に関する開示コミュニケーションとしては追加的な対応が必要です。

この開示コミュニケーションを今以上に改善する方法の１つに，見積開示会計基準に基づく注記の活用が挙げられます。この注記によれば，当年度における減損損失の計上の有無にかかわらず，翌年度の財務諸表に及ぼす影響についての開示が行えるからです。この注記を適切に活用できたなら，減損のサプライズを軽減することが期待できます。

見積開示会計基準は2021年３月期からの強制適用であるため，すでに当該基準に基づく注記が開示されています。ところが，開示の実態に照らすと，全体として，必ずしも減損のサプライズを解消するような開示にはなっていない事例があると指摘できます。

例えば，次のような間違いをしていないでしょうか。

- 合理的に起こりうる状況の変化を考慮しても，減損損失を計上する事態にはならないと考えているものの，当年度末の固定資産の残高が多額であるため，金額的な重要性の観点から見積開示会計基準に基づく注記として開示した。
- 翌年度以降にどのような事象や状況が生じるかをすべて想定できるものではないことから，万が一，減損損失を計上することとなった場合に備えるために，見積開示会計基準に基づく注記として開示した。
- 当年度や翌年度はまだ減損損失に至ることはないと考えているが，業績の落込みがこのまま継続すると，翌々期以降の将来において減損損失を計上する可能性を否定できないため，見積開示会計基準に基づく注記として開示した。

もし，このような誤解に基づき見積開示会計基準を適用すると，企業自らが実態以上にリスクを高める内容を開示することにつながります。特にのれんの減損を取り上げる場合には，金額的なインパクトが大きいことがあるため，誤解を招く開示は避けるべきです。

そのためには，見積開示会計基準が期待する開示のあり方を理解する必要があります。このとき，見積開示会計基準が導入された経緯を踏まえておくと，制度趣旨すなわち期待に応じた開示コミュニケーションが行えるようになります。よって，見積開示会計基準が求められた背景から解説を始めていきます。

02　見積開示会計基準が求められた背景

(1)　見積りの不確実性についての説明責任

見積開示会計基準が求められた背景は，結論からいえば，日本の会計基準に会計上の見積りの不確実性に関する注記を求める規定がなかったからです。現在の財務諸表は見積りの塊といえるほどに，会計上の見積りの比重が高まっています。のれんや固定資産の減損会計をはじめとして，繰延税金資産の回収可能性や退職給付会計，金融商品会計，各種引当金など，会計上の見積りに関する項目が財務諸表の多くを占める状況です。

こうした会計上の見積りに基づき算定された金額は，実績として確定した金額，あるいは，見積りが改訂された金額との間に差額が生じます。この差額が大きいほど，「不確実性が高い」といえます。金融商品の場合には，ボラティリティ（Volatility）が高いと表現されることもあります。

企業が財務諸表を作成する際に，ある項目について見積りの不確実性が高いと判断することがあります。例えば，見積り計上を行った当年度よりも，それが確定・改訂する翌期以降に多額の損失を計上する蓋然性が高いような場合です。見積開示会計基準が適用される以前は，企業はそう判断していても，財務諸表の利用者は，注記事項や記述情報で開示されない限り，それを知りようがなかったのです。ここに，情報の非対称性がありました。

もちろん，企業が，将来の結果を正確に予測することができれば，こうした問題は生じません。しかし，それは誰もができないことです。最善の努力を尽くした見積りを行っている限り，見積りとその実績・改訂との間に差異が生じるのはやむを得ないことです。

とはいえ，見積りの不確実性が高いと判断している場合には，そのことの説明まで放棄することは許されません。情報の非対称性を少しでも解消するよう努める必要があります。このとき，説明責任の果たし方について，企業の自発的な開示に委ねるか，それとも，開示制度として要求するかの２つの方法があります。見積りの不確実性に関する開示については，見積開示会計基準が制定され，かつ，開示規則に組み込まれたことから，開示制度として要求されました。

(2) 自発的な開示の実効性

見積りの不確実性に関する開示について，企業の自発的な開示に委ねる方法もあると説明しました。ただし，その実効性が否定されるような出来事が起きています。見積開示会計基準が公表された直後，すなわち，強制適用となる前の出来事ではあるものの，開示制度として要求する方法の合理性を裏づけたものといえます。

企業の自発的な開示によって見積りの不確実性について説明する方法は，見積開示会計基準が適用される前でも可能な状態にありました。それは，追加情報としての開示です。

①　追加情報としての開示

追加情報とは，注記事項に関するバスケット条項です。ある事項が重要である場合には，たとえ開示規則に具体的な注記の定めがなくても，その注記を求めるものです。これは，財務諸表や会社計算規則で明確に規定されています。例えば「連結財務諸表の用語，様式及び作成方法に関する規則」第15条には，「この規則において特に定める注記のほか，連結財務諸表提出会社の利害関係人が企業集団の財政状態，経営成績及びキャッシュ・フローの状況に関する適正な判断を行うために必要と認められる事項があるときは，当該事項を注記しなければならない。」と規定されています。

また，追加情報に関する実務上のガイドラインが，JICPA による監査・保証実務委員会実務指針第77号「追加情報の注記について」として用意されています。むしろ，これくらいしか追加情報の取扱いを解説した公表物がありません。これには，追加情報が４つに分類されたうえで，該当する事例や記載例などが説明されています。ただし，追加情報が網羅的に示されたものではありません。追加情報が開示規則で具体的に規定されていない事項であるため，その範囲は広範とならざるを得ないからです。決して，フローチャート的にいくつかのポイントを検討すればよいものではありません。それぞれの事項の性質や重要性などに照らして個別に判断していく必要があります。

このように，追加情報として網羅的な検討が困難であるため，会計上の見積りの不確実性について開示することは可能であっても，そうした実務が確実に実行される保証はありません。

ところが，多くの企業が，会計上の見積りの不確実性に関する追加情報を一斉に開示したことがありました。それは，2020年初頭から感染拡大した新型コロナウイルス感染症の影響についての追加情報です。2020年３月期以降の財務諸表において，新型コロナウイルス感染症が財務諸表に与える影響について，今後の広がり方や収束時期等も含めた一定の仮定を追加情報として開示したのです。ただし，これは，必ずしも企業の自発的な開示とはいえないものでした。この開示には，ASBJ と金融庁による影響力が働いたと推測できるからです。

② ASBJによる議事概要

新型コロナウイルス感染症の影響による会計上の見積りの不確実性に関する追加情報は，まず，ASBJが議事概要の公表を通じて開示を求めました。2020年4月9日に開催された第429回の会合において，会計上の見積りにあたっての新型コロナウイルス感染症の影響の考え方について審議が行われました。その議事概要を「会計上の見積りを行う上での新型コロナウイルス感染症の影響の考え方」として翌日に公表しました。この議事概要は，会計基準でもなければ，適用指針でもありません。また，その内容は開示規則にも反映されていません。議事概要に示された考え方に基づき，企業の自発的な開示を促したのです。

この議事概要が公表されたあと，2020年3月期の企業は決算短信をリリースし始めました。しかし，新型コロナウイルス感染症の影響が大きいと考えられる業種においても，会計上の見積りに関する不確実性の説明が追加情報として開示されていなかったのです。それを問題視したのが，金融庁に設置された「新型コロナウイルス感染症の影響を踏まえた企業決算・監査等への対応に係る連絡協議会」です。今後の法定開示書類すなわち有価証券報告書の財務諸表においても追加情報の開示が十分に行われないという懸念が高まったからです。

そこで，2020年5月11日に開催された第432回ASBJにおいて，当該開示に関する審議が再度行われました。その結果が，議事概要「会計上の見積りを行う上での新型コロナウイルス感染症の影響の考え方（追補）」として公表されます。追補版には，「当年度に会計上の見積りを行った結果，当年度の財務諸表の金額に対する影響の重要性が乏しい場合であっても，翌年度の財務諸表に重要な影響を及ぼすリスクがある場合には，新型コロナウイルス感染症の今後の広がり方や収束時期等を含む仮定に関する追加情報の開示を行うこと」が下線付きで強調されました。

③　規制当局による調査票

金融庁も，見積りの不確実性に関する開示が行われるよう，動き出します。2020年５月21日付で公表した「新型コロナウイルス感染症の影響に関する企業情報の開示について」の中で，新型コロナウイルス感染症の影響について，有価証券報告書の財務情報では具体的な開示を，また，非財務情報では充実した開示を強く期待するとの考え方を示します。同時に，ASBJの議事概要（追補を含む）の公表を踏まえ，財務情報における，新型コロナウイルス感染症の影響に係る仮定に関する追加情報の開示についても，上記の有価証券報告書レビューの対象に含めて審査することを宣言しました。

その後，2020年５月29日には，「法令改正関係審査（令和２年３月期以降版）調査票」において，「新型コロナウイルス感染症の影響に関する企業情報の開示」の記載が追加されます。この調査票は，有価証券報告書の提出会社が法令改正への対応状況について回答する書類です。有価証券報告書の提出とあわせて，所管の財務局等に提出するものです。これを受け取った金融庁は，回答を審査し，また，改正対応できていない企業に対して指導を行います。2020年３月期以降版の調査票（2020年３月27日の時点）には，当初，記述情報の改正対応に関する内容のみが用意されていました。

それが追加版になると，**図表３－１**に示したとおり，追加情報に関して，「新型コロナウイルス感染症の影響に関し，どのような仮定を置いて会計上の見積りを行ったかについて，財務情報の追加情報において具体的に開示していますか。」という質問が新設されています。有価証券報告書を提出する企業は，当該追加情報を開示している場合にはその記載箇所を，あるいは開示していない場合にはその理由を回答しなければなりません。加えて，調査票の末尾には，「記載していない」と回答しているときには，自発的な訂正報告書の提出が必要となる場合がある旨が注意喚起されています。

こうした規制当局の取組みが功を奏したのか，2020年３月期決算の企業の多くで，決算短信には追加情報を開示していなかったものの，有価証券報告書の財務諸表には追加情報として開示が行われるようになったのです。

図表３－１　2020年３月期以降の年度に係る調査票

Ⅱ．調査内容

A．経営方針，経営環境及び対処すべき課題等
……

E．追加情報

【会計上の見積りに対する新型コロナウイルス感染症の影響に関する開示】 ⓐ新型コロナウイルス感染症の影響に関し，どのような仮定を置いて会計上の見積りを行ったかについて，財務情報の追加情報において具体的に開示していますか。 （期待される開示の例） ・新型コロナウイルス感染症の今後の広がり方や収束時期等に関する仮定を具体的に記載。 ・当年度の財務諸表の金額に対する影響の重要性が乏しい場合であっても，翌年度の財務諸表に重要な影響を及ぼすリスクがある場合には，今後の広がり方や収束時期等を含む仮定を具体的に記載。	１＝記載している。 ２＝記載していない。	⇒	
	１の場合の記載箇所	該当ページ	P.○～P.○
	２の場合の記載していない理由		

※　回答内容を「２」としている項目については，自発的な訂正報告書の提出が必要となる場合がございますので，有価証券報告書の記載内容を再度ご確認ください。

（出所）　金融庁ホームページ，2020年５月29日更新，「有価証券報告書の作成・提出に際しての留意すべき事項及び有価証券報告書レビューの実施について（令和２年度）」別添の「法令改正関係審査（令和２年３月期以降版）　調査票」からの一部抜粋。
https://www.fsa.go.jp/news/r1/sonota/20200327.html

⑶　最初の提案はJICPA

ASBJの議事概要の当初版が公表される10日前の2020年３月31日に，見積開示会計基準は公表されました。当該基準の開発は，2016年３月４日に開催された第26回基準諮問会議において，JICPAが会計上の見積りの不確実性に関する注記が必要であると提案したことが発端です。つまり，追加情報をめぐる騒動より４年も前から，自発的な開示ではなく，開示制度として要求する方向で議論が進んでいたのです。

JICPAは，その必要性を唱える１年前の2015年４月，会計制度委員会研究資料「我が国の財務諸表の表示・開示に関する調査・研究」を公表しました。当時は，国内外で企業の情報開示に関する議論が行われていた時期です。例えば，IASB（国際会計基準審議会）は，2013年から開示に関する取組みを進め

ていました。当該資料の中で，我が国の財務諸表の表示・開示の会計基準を検討する場合に優先すべき事項の1つとして，注記情報の充実があるとの考えを示します。具体的には，IASBが2003年にIAS第1号「財務諸表の表示」を改訂した際に設けた，次の2点の開示を検討すべきと主張しました。

- 経営者が会計方針を適用する過程で行った判断（IAS第1号第122項）
- 見積りの不確実性の発生要因（IAS第1号第125項）

JICPAは，この研究資料の発表と同時に，こうした考えについての意見をJICPAの会員以外にも広く募集しています。その結果，注記情報の充実について財務諸表の利用者を含め賛同の意見が複数得られたことから，JICPAは基準諮問会議への提案に至ります。

これを受けて，基準諮問会議は，論点整理やアウトリーチなどの検討を始めます。しかし，注記情報の充実には賛否が分かれました。一方，IASBから，ディスカッション・ペーパー「開示に関する取組み－開示原則」が公表される予定があったことから，国際的な動向を考慮する必要性も指摘されていました。そのため，2017年3月に開催された第29回基準諮問会議において，当該ディスカッション・ペーパーへのコメント対応後に議論を再開することが決議されました。こうしてJICPAの提案から1年後に，検討がいったん停止します。

(4)　続く提案は日本証券アナリスト協会

2017年11月に開催された第31回基準諮問会議において，公益社団法人日本証券アナリスト協会は，JICPAと同じ内容の提案を行います。財務諸表を利用する立場から，「経営者が会計方針を適用する過程で行った判断」および「見積りの不確実性の発生要因」に関する注記情報の充実を求めるものでした。次の2点から，これまで以上に必要性および優先度が高まっていることを理由としています。

1点目は，2017年3月のIASBによるディスカッション・ペーパー「開示に関する取組み－開示原則」の公表です。そこでは，これらの注記事項は開示すべきと提案されました。

2点目は，2017年6月の金融庁による「『監査報告書の透明化』について」の公表です。監査報告書に記載されるKAM（監査上の主要な検討事項）の実効性を担保するためには，これらの注記情報が開示される必要があると考えられたからです。

この日本証券アナリスト協会からの提案を受けて，基準諮問会議は，見積りの不確実性の発生要因に関する開示についての検討を再開します。その後，2018年11月に開催された第34回基準諮問会議で，「見積りの不確実性の発生要因」に関する注記情報の充実を新規テーマとしてASBJに提言することが決定されました。こうして基準諮問会議では，見積りの不確実性に関する開示基準の要否に2年8ヶ月をかけて検討を重ねました。

なお，当初，基準諮問会議に提案されていた2つの事項のうち，「経営者が会計方針を適用する過程で行った判断」（IAS 第1号第122項）については，日本の会計基準に導入することの便益が高くはないと判断されました。ただし，その過程で，会計処理の対象となる会計事象等に関連する会計基準等の定めが明らかでない場合に採用した会計処理の原則および手続について，重要な会計方針に含まれる旨を明らかにする方向性で基準開発が行われます。その結果として，企業会計基準第24号「会計方針の開示，会計上の変更及び誤謬の訂正に関する会計基準」が公表されました。

(5) 企業にとっての開示する意義

2018年11月に開催された第397回ASBJから，「見積りの不確実性の発生要因」の開示に関する基準開発に着手していきます。最終的に，2020年3月31日に見積開示会計基準として基準化されました。

見積開示会計基準は，財務諸表を監査する立場であるJICPAや利用する立場である日本証券アナリスト協会からの提案を受けて成立したものです。そのため，監査人や投資家にとって都合のよい情報の開示を求めるものとの印象を受けるかもしれません。財務諸表の作成者である企業にとっては負担感ばかり増すものだと感じることもあるでしょう。確かに，従来は注記していなかった情報を開示することになるため，追加的な負荷が生じます。

しかし，財務諸表の作成者にとっての意義があるように活用できる側面を看過してはいけません。このような注記がない場合には，財務諸表に計上した金額でしか会計上の見積りを伝えられないからです。会計上の見積りを財務諸表に反映するにあたって，実績や改訂の結果について複数のシナリオが想定されるときにも，たった1つの金額で計上しなければなりません。もちろん，複数のシナリオに基づく期待値を用いた算定方法もあります。とはいえ，期待値であっても，会計仕訳に起票する金額は1つです。1つに絞り込まなければ，会計処理は行えません。財務諸表を作成する立場としては，たった1つの見積りの金額で計上しなければならないことはプレッシャーになると推測されます。

ところが，見積開示会計基準に基づく注記によれば，会計上の見積りについて，その項目や金額のみならず，内容に関する情報までも説明することができます。その説明では，見積りの幅や複数のシナリオに基づく結果も伝えることが可能です。財政状態や経営成績にどのような影響が及ぶかの開示を通じて，機関投資家とのコミュニケーションがスムーズになる効果が得られると期待できます。

このように，見積開示会計基準の活用の仕方によっては，翌期以降に減損損失が計上される場合であっても，機関投資家にとってサプライズに映らないよう手当できる可能性があると考えられるのです。減損に関する情報を主体的に開示することによって，資本コストをいたずらに高めない結果，企業価値が不用意に低い評価となる状況を回避できると期待できます。こうした開示を実現するためにも，見積開示会計基準の趣旨に基づく注記を適切に作成できるようにする必要があります。

(6) IAS 第１号第125項の理解が不可欠

見積開示会計基準の開発にあたっての起点には，IFRS 会計基準における IAS 第１号第125項に基づく注記がありました。もっとも，日本の会計基準を IFRS 化していくことが目的ではないことから，必要に応じて IAS 第１号第125項の要求事項に修正を加える方針が示されていました。一方で，見積開示会計基準の随所に，IAS 第１号第125項の定めを参考とする旨が記載されているのも事実です（見積開示会計基準第14項，第19項，第20項，第26項）。

そのため，見積開示会計基準を適切に適用していくためには，IAS 第１号第125項を理解しなければならないことがわかります。この理解に最適な文献は，英国の FRC（財務報告評議会）が公表する報告書です。FRC とは，英国における会計や監査などの規制当局であり，また，コーポレートガバナンス・コードとスチュワードシップ・コードを定める機関です。この FRC によるテーマ別レビューの報告内容を知ることで，日本の見積開示会計基準をより適切に理解できます。

03 海外における IAS 第１号第125項の適用状況

(1) IAS 第１号第125項のエッセンス

FRC は，企業報告のレビュー業務として，企業による財務情報の提供が，関連する報告上の要求事項に準拠しているかどうかを監視しています。テーマ別に，優れた事例を共有し，また，改善可能な点を明らかにしています。このテーマ別レビューの結果から，企業はアニュアルレポートや財務諸表の開示を評価し，かつ，強化することに活用できます。

テーマ別レビューの中には，重要な会計上の判断と見積りの不確実性の発生要因を対象としたものがあります。それが，2017年11月に公表された “Corporate Reporting Thematic Review: Judgements and Estimates”（以下，「FRC レポート」という。）です。その中で，次のとおり，IAS 第１号第125項の開示要求が説明されています。

> The disclosure requirements for sources of estimation uncertainty similarly apply to a limited set of matters. They relate to assumptions and estimates at the end of the current reporting period that have a **significant risk** of resulting in a **material adjustment** to the carrying amounts of assets and liabilities **within the next financial year**.
>
> 見積りの不確実性の発生要因に関する開示要求は，同様に，限られた事項に適用される。これらは，**翌年度中**に資産および負債の帳簿価額に**重要性のある修正**を生じさせる**重要なリスク**がある，当年度末時点での仮定と見積りに関するものである。

（出所）FRC, "Corporate Reporting Thematic Review: Judgements and Estimates", November 2017, P. 8. なお，筆者による仮訳を併記している。

ここに，開示要求についての３つの要素が太字で示されています。

①　重要性のある修正（乖離幅）

開示要求のうち「重要性のある修正」とは，見積りと，実績あるいは改訂された見積りとの乖離幅のことです。会計上の見積りにおける不確実性とは，この乖離幅が大きな状態を指します。それは，有利に振れる場合もあれば，不利に振れる場合もあります。いずれの場合であっても，その幅が大きなことがIAS第１号125項の開示要求の１つの要素として挙げられています。

一般に，合理的な見積り金額の算出に用いた仮定が多くなるほど，将来における実績が仮定から乖離する可能性が高まり，また，翌年度以降の財務諸表に及ぼす影響も大きくなる傾向にあると考えられます。このように，見積りの乖離の程度が大きいことに着目しているため，本書では，これを「乖離幅」と言い換えます。

②　重要なリスク（現実味）

開示要求のうち「重要なリスク」とは，起こりうる発生可能性，つまり，現実味のあるシナリオと考えることが適当です。というのも，会計上の見積りの不確実性には，将来，発生する事象について複数のシナリオが想定され，また，それぞれのシナリオについて発生確率や蓋然性があるからです。

このとき，発生確率を高いものに絞り込むと，開示対象とされる項目がなくなることが想定されます。一方，極端に発生確率の低いものまで考慮すると，重要ではない項目まで開示されてしまいます。このように，発生確率の高低よりは，現実味のあるシナリオかどうかに着目しているため，本書では，これを「現実味」と言い換えます。

③　翌年度中（時間軸）

開示要求のうち「翌年度中」とは，重要性のある修正を生じる重要なリスクがある期間を１年と限定するものです。その理由は，長期になるほどに開示すべき項目の範囲が広がってしまうことから，企業にその判断を求めることが適当ではないからです。

現実問題として，５年後，10年後に乖離幅が大きく，かつ，その発生に現実味がある項目を識別することは実務的に困難です。このように，注記対象とする見積りについて時間軸で限定していることから，本書では，これを「時間軸」と言い換えます。

以上のように「乖離幅」,「現実味」,「時間軸」という３つの要素を満たす会計上の見積りこそが，IAS 第１号第125項が期待している開示だと FRC レポートは説明します。この３つの要素にエッセンスが詰まっているのです。反対に，この３つの要素を満たさないものは，IAS 第１号第125項の対象とはなりません。３つの要素がすべて適用されることから，FRC レポートでは，報告が期待される項目の数は限られる旨が示されています。

⑵　FRCレポートにおける発見事項

IAS第1号第125項の3つの要素に関連して，FRCレポートでは発見事項が紹介されています。見積開示に関連する事項の主なものとして，次の5点を挙げています。

- 翌年度の会計に重要な変更をもたらすリスク
- 明確かつ具体的な記述
- 特定（筆者注：FRCレポートでは「定量化」（quantification）と表記しているが，本書では注記作成に活用しやすくするために言い換えた）
- 仮定の定量化
- 感応度と結果の範囲

〔発見事項1〕翌年度の会計に重要な変更をもたらすリスク

FRCレポートによれば，レビュー対象のうち3分の2強の企業が，重要な金額に関連しているかもしれないが，資産・負債の帳簿価額の重要な修正をもたらすリスクがまったくないと思われる見積りを開示していたと指摘します。これは，「重要性のある修正」という乖離幅の要素を満たしていても，「重要なリスク」という現実味の要素を満たしていないことを意味します。

よくある例として，のれんの減損に関する見積りの開示が紹介されています。それは，「回収可能価額の根拠となる主要な仮定の合理的に起こりうる変化によって，帳簿価額が回収可能価額を上回ることになるとは取締役会は考えていない」と記載した注記です。取締役会が減損損失の計上に現実味がないと表明しているため，IAS第1号第125項に基づく注記としては適切ではありません。

このように，FRCレポートでは，IAS第1号第125項に基づく注記には，その開示要求に基づき，乖離幅・現実味・時間軸という3つの要素を満たす項目の開示が期待されています。

ここで留意したい点は，3つの要素を満たさなければ注記が一切不要とは意味していないことです。3つの要素はIAS第1号第125項としての開示要求を満たすかどうかの判断基準です。よって，これらを満たさない場合であっても何かしらの開示が必要と判断するときには，IAS 第１号第125項の注記とは別の開示として取り扱うことを検討しなければなりません。

これに関して，FRC レポートでは，長期的にみた場合のみ重要な修正が発生する重大なリスクがあると企業が考えているときには，追加の開示を行うことが有用であることが多い旨を伝えています。時間軸という要素を満たさないため，IAS 第１号第125項としての注記にはなり得ないものの，それ以外の注記として開示を行うことが適切な場合があることを指摘しています。説明責任を果たすために必要な情報であるならば，何かしらの注記事項としての開示が求められていると理解できます。

また，IAS 第１号第125項の注記は，毎期，同じではないことも指摘しています。なぜなら，見積りの不確実性の発生要因は，年度ごとに異なる可能性があるからです。のれんの減損でいえば，事業計画における売上高の成長率に関する不確実性が論点となる年度もあれば，割引率が論点となる年度もあるでしょう。企業が置かれた状況に応じて，見積りの不確実性をもたらす要因は変化します。よって，前年度に行ったIAS 第１号第125項の注記の内容が，当年度においても依然として適切であるかを再評価することが期待されています。

こうしたFRC レポートの説明を補足すると，３つの要素の観点からも，毎期，同じ項目を注記するとは限らないことが理解できます。例えば，現実味という要素は時間の経過によって変化します。また，時間軸という要素では，見積りの不確実性が常に翌年度に顕在化するリスクを抱えている状況が毎期継続しているかどうかは検討の余地があります。

〔発見事項２〕明確かつ具体的な記述

FRC レポートは，レビュー対象のうち３分の１の企業では，見積りを開示する際に定型的な表現を使用していたと指摘しています。どの企業にも当てはまる開示の仕方では，財務諸表の利用者に対して有益な情報を提供することができません。そのような紋切り型の記載，いわゆる，ボイラープレートでは，説明責任を果たすことは困難です。期待されているのは，見積りの開示が明確かつ具体的であること，不確実性の発生要因を正確に指摘していること，定型的な表現の使用を避けることです。

こうしたFRCレポートの説明を補足すると，特に，会計基準の文言を用いた説明に終始した場合，ボイラープレート化しやすくなります。そうではなく，企業の置かれている状況について個別具体的に記載することによって，企業に固有の情報を説明できます。なお，ここでいう企業に固有の情報とは，開示を行う企業だけの話に限らず，当該企業が属する業界全体にわたる経営環境の変化なども含むものを指します。

なお，FRCレポートでは，監査委員会の監査報告や外部監査人の監査報告書における主要な仮定に関する記載が，IAS第1号第125項に基づく注記よりも詳しい場合があると指摘しています。これに関して，監査委員会の監査報告については**第4章**で，また，外部監査人の監査報告書については**第5章**で具体的に説明します。

〔発見事項3〕特定

識別された見積りの不確実性が，貸借対照表の残高のうち特定の金額に関連している場合があります。この場合に，FRCレポートは，財務諸表の利用者が貸借対照表への影響を理解するために，単に合計金額だけではなく，それ以上の情報が必要となると指摘しています。具体的には，重要な修正のリスクがある特定の金額を開示することが期待されています。

のれんの減損でいえば，貸借対照表に計上されたのれんの残高が，複数ののれんから構成される場合，そのすべてについて見積りの不確実性が高いとは限りません。3つの要素を満たす構成要素は，その一部であることも考えられます。IAS第1号第125項に基づく注記に，貸借対照表ののれんの残高を全額記載してしまうと，そのすべてが3つの要素を満たすほどに見積りの不確実性が高いものとして説明していることになります。これは，機関投資家から，のれんの残高すべてが，翌年度に減損損失を計上する現実味があるものとして解釈されてしまいかねないことを意味します。そのような実態がなければ，3つの要素を満たす構成要素を特定して記載することが，IAS 第１号第125項の趣旨に合致します。

〔発見事項４〕仮定の定量化

FRC レポートは，IAS 第１号第125項に基づく注記に対して，投資家がその影響を完全に理解するための情報を必要とする場合には，見積りの基礎となる仮定を定量化することを期待しています。これは，どのような仮定に基づき会計上の見積りを行ったかについて，財務諸表の利用者が理解できるような情報を数値として示すことを意味します。

のれんの減損でいえば，将来の事業計画が重要な見積りの要素となることがあります。この事業計画を作成するにあたって，例えば，売上高の成長率が見積りの主要な仮定の場合に，それが何％なのかを具体的に開示することが，この「仮定の定量化」です。

仮定の定量化のポイントは，将来の予測が当たる，当たらないという議論ではなく，財務諸表の利用者が当該仮定の変化について読み替えることができる点です。新型コロナウイルス感染症の影響に関する追加情報に当てはめると，のれんの減損を判定するときに，売上高が落ち込む水準が何％であるか，その期間は何ヶ月，何年であるか，といった具体的な数値が提示されたとします。すると，財務諸表の利用者は，「売上高の落込みが仮定した水準に至っていないため，減損リスクは低い」「新型コロナウイルス感染症の影響を受ける期間が仮定よりも長引いているため，減損リスクが高まっている」などと将来の予測に利用できます。こうして機関投資家とのコミュニケーションが円滑になると期待できるのです。

〔発見事項５〕感応度と結果の範囲

感応度とは，会計上の見積りにおいて設定した仮定が変化した場合に，見積りの結果がどの程度影響を受けるかの程度を指します。例えば，のれんの減損でいえば，売上高の成長率を３％と仮定していた場合に，それが０％になると，減損損失として計上される金額はいくらと算定されるかというインパクトです。

一方，結果の範囲とは，会計上の見積りにおける仮定が変化した場合に，見積りの結果の振れ幅を指します。のれんの減損でいえば，売上高の成長率が合理的な範囲で変動した場合に，減損損失が何百万円から何百万円の間で計上される見込みであると示すことです。

FRC レポートでは，翌年度において，より多くの企業が，仮定や見積りに対する帳簿価額の感応度や，合理的に起こりうる結果の範囲について開示することを期待しています。どのような仮定を用いたかだけではなく，その仮定が変化したことに伴う影響の程度についても説明が期待されているのです。確かに，乖離幅が大きく，それが生じる現実味もあり，かつ，それが生じる時間軸が翌年度という会計上の見積りについて説明を受けた機関投資家が，それによる影響額についても関心を寄せるのは必至です。しかしながら，FRC レポートでは，レビュー対象の90％の企業で感応度または結果の範囲が開示されていたものの，減損をはじめとする他の会計基準（IFRS）で開示が求められている分野に限られる傾向があったと報告されています。ここから，企業の自発的な開示が少ない領域であることが理解できます。

FRC レポートは，以上の発見事項を説明したうえで，さらなる改善の余地があることから，今後の定期的なレビューの中で検討していく事項を列挙しています。このうち見積りの不確実性に関連したものを抽出すると，次の５点です。

- 翌年度中に資産・負債の帳簿価額の重要な修正を行うリスクが大きい見積りと，長期的に帳簿価額に影響を与える可能性のある見積りなどを区別すること
- 見積りの不確実性の領域を特定し，有用な追加情報を提供するために，定型的な表現を避けた企業固有の情報を開示すること
- 翌年度中に重要な修正が行われるリスクのある見積りの具体的な金額を定量化すること

- 必要に応じて，見積りの基礎となる仮定を定量化すること
- 感応度分析または合理的に起こりうる結果の範囲を開示すること

これらは，IAS 第1号第125項を適用していくためのチェックポイントとして活用することができます。

(3) IAS 第1号第125項や FRC レポートの受入可能性

FRC レポートの解説を通じて，IAS 第1号第125項の適用にあたってのポイントを理解してきました。一方で，日本における見積開示会計基準の開発にあたって，必要に応じて IAS 第1号第125項の要求事項に修正を加える方針を採用していたことも確認しました。こうした IFRS 会計基準における IAS 第1号第125項の適用上のポイントが，日本の見積開示会計基準の適用にあたっても同様に活用できるかどうかを検討する必要があります。そこで，両者が対象とする項目を比較してみます。

まず，IFRS 会計基準では，企業に対して，報告期間の末日における，将来に関して行う仮定および見積りの不確実性の他の主要な発生要因のうち，翌事業年度中に資産および負債の帳簿価額に重要性のある修正を生じさせる重要なリスクがあるものに関する情報を開示することを要求していました（IAS 第1号第125項）。

FRC レポートでエッセンスが提示されていたように，「翌事業年度中に資産および負債の帳簿価額に重要性のある修正を生じさせる重要なリスクがあるもの」の中に，乖離幅・現実味・時間軸の3つの要素が示されています。

これに対して，日本の見積開示会計基準では，企業が会計上の見積りの開示を行うにあたって，当年度の財務諸表に計上した金額が会計上の見積りによるもののうち，翌年度の財務諸表に重要な影響を及ぼすリスクがある項目を識別することを要求しています（見積開示会計基準第5項）。まず，「翌年度」に限定した記述があるため，時間軸の要素が一致しています。

次に，翌年度の財務諸表に与える影響を検討するにあたって，影響の金額的大きさおよびその発生可能性を総合的に勘案して判断することにも言及してい

ます（見積開示会計基準第5項)。この「影響の金額的大きさ」という記述から，見積りの不確実性の高さ，つまり，乖離幅が大きいという要素が一致しています。さらに，「(影響の) 発生可能性」という記述については，見積開示会計基準で識別される項目がIAS 第1号第125項により識別される項目と異なることを意図していない（見積開示会計基準第20項）ため，現実味がある状況を想定していると考えられます。

以上から，見積開示会計基準に基づく注記にも，IAS 第1号第125項における3つの要素を満たす項目の開示が求められていると結論づけられます。これは，FRC レポートの指摘事項についても，日本の見積開示会計基準を適用する際に活用できることを意味します。こうした前提を踏まえたうえで，次に，見積開示会計基準の規定を理解していきます。

なお，FRC レポートには，報告が期待される項目の数は限られるとの旨が示されていると説明しました。一方，日本でも，翌年度の財務諸表に重要な影響を及ぼすリスクがある項目を識別するため，比較的少数の項目が識別されます（見積開示会計基準第25項)。だからといって，両者ともに，開示する項目を少なくすることを意図したものではありません。開示要求に合致した項目については開示しなければなりません。ただし，乖離幅・現実味・時間軸の要素を満たす必要があるため，結果的に開示する項目が少数になると想定されているのです。こうして重要な事項を絞り込んだ以上は，それについての詳細な開示が求められているのです。

04　見積開示会計基準で押さえるべきポイント

(1)　開示目的に照らした判断が意味するもの

①　「会計上の見積り」の定義

見積開示会計基準で用いる「会計上の見積り」とは，資産および負債や収益および費用等の額に不確実性がある場合に，財務諸表作成時に入手可能な情報に基づいて，その合理的な金額を算出することを指します（見積開示会計基準第３項)。これは，企業会計基準第24号「会計方針の開示，会計上の変更及び誤謬の訂正に関する会計基準」第４項(3)の定義と変わりません。

ここで，会計上の見積りに「不確実性がある」とは，実績の金額や見直した見積り金額との間に乖離が生じる可能性があることを意味します。その乖離幅が大きいほどに，不確実性が高くなります。この不確実性について，一定の要件を満たすものの説明を求めるのが，見積開示会計基準です。ところが，どの会計上の見積りを注記すべきかの判断は，企業に委ねられています。それは，基準開発のアプローチに基づく結果です。

②　基準開発のアプローチ

見積開示会計基準の開発にあたって，個別アプローチと包括アプローチのどちらを基本的な方針とするかが議論されました。個別アプローチとは，会計基準が求める注記事項に不足がある場合に，それを補うように個々の会計基準を改正しながら注記を拡充していく方針です。ただし，これによると，個々の会計基準で一律に開示が増えることになりかねません。また，引当金のように個別の会計基準が存在しない場合には，会計処理から開発する必要もあります。そのため，個別アプローチは採用されませんでした。

そもそも，見積りの不確実性に関する説明が求められた理由は，企業と機関投資家との間に生じる情報の非対称性にありました。財務諸表に計上された金額のみでは，機関投資家は会計上の見積りの不確実性の程度を理解できないからです。会計上の見積りが含まれる項目が翌年度の財務諸表に影響を及ぼす可能性があるかどうかについては，追加的な開示が不可欠だったのです。

一方で，会計上の見積りの不確実性の程度は企業によって異なります。どの会計上の見積りに関する項目を選ぶべきか，また，当該項目について何を説明すべきかを一律に要求する規定として基準を開発すると，ある企業では重要な情報が漏れる可能性もあれば，別の企業では重要ではない情報まで開示を求める可能性もあります。そこで，会計基準において開示に関する原則を定めたうえで，開示の充実を図っていく包括アプローチが採用されました。この原則は，「開示目的」と呼ばれます。

③　見積開示会計基準における開示目的

見積開示会計基準における開示目的とは，当年度の財務諸表に計上した金額が会計上の見積りによるもののうち，翌年度の財務諸表に重要な影響を及ぼすリスクがある項目における会計上の見積りの内容について，財務諸表利用者の理解に資する情報を開示することです（見積開示会計基準第4項)。基準開発にあたって包括アプローチが採用されたことから，こうした開示目的が設定されました。

企業はこうした開示原則に従うことから，見積開示会計基準には，何をどこまで開示すべきかが具体的に定められていません。公開草案の時点では，具体例を列挙した記載が含まれていました。しかし，それがチェックリスト的に使用されることを懸念するコメントがあったため，当該基準が確定した時点で，該当箇所が削除されています。具体例が示されない中で，企業は，注記する事項について開示目的に照らした判断を行う必要に迫られています。

ここで，見積開示会計基準に基づく注記を作成する際に，IFRS 会計基準を適用している企業の注記を参考にできると考えるかもしれません。確かに，見積開示会計基準はIAS 第1号第125項の定めを参考にして開発されたため，項目によっては参考にできる場合もあるでしょう。しかし，のれんをはじめとした減損会計に関しては，日本基準とIFRS 会計基準とで会計上の取扱いが異なるため，参考にできる記載は限定的です。また，参考にしてはいけない開示も含まれています。したがって，基準の違いを理解したうえでなければ，IFRS 会計基準を適用している企業の注記事例を参考にすることがかえって自社の開示を誤るリスクとなりかねないのです。

④　３つの注記内容と３つの例示

年度の（連結）財務諸表において，見積開示会計基準に基づく注記として記載する事項は，次の３つです。

- 会計上の見積りの内容を表す項目名
- 当年度の財務諸表に計上した金額
- 財務諸表利用者の理解に資するその他の情報

また，「財務諸表利用者の理解に資するその他の情報」として，次の３つが例示されています。

- 当年度の財務諸表に計上した金額の算出方法
- 当年度の財務諸表に計上した金額の算出に用いた主要な仮定
- 翌年度の財務諸表に与える影響

次に，これらの注記内容を掘り下げていきましょう。

(2)　会計上の見積りの内容を表す項目名

①　開示する項目を識別するための着眼点

見積開示会計基準を適用していくには，開示目的に合致した項目を識別する必要があります。例えば，固定資産の減損会計に関する項目について，開示事例を踏まえると，次のものが挙げられます。

- のれんの評価
- のれんの減損
- 固定資産の減損
- ……ののれんの評価
- ……事業に係る固定資産の減損
- 固定資産の評価（……事業）

このように，会計上の見積りによるものを「開示する項目」として識別しなければなりません。もちろん，識別する項目は，乖離幅・現実味・時間軸の要素を満たす必要があります。

ここで，「開示する項目」の例示として，資産科目を挙げている点に注目されたかもしれません。換言すれば，なぜ，「減損損失」という損益科目を挙げていないか，です。

その理由は，通常は，当年度の財務諸表に計上した資産および負債を識別するからです（見積開示会計基準第5項）。収益や費用といった損益科目が資産や負債の関連損益として生じる場合，会計上の見積りの不確実性が及ぶ項目は，資産科目または負債科目の評価として生じます。例えば，減損損失も，のれんや固定資産を評価した結果として計上されます。したがって，見積開示会計基準に基づく注記として開示する項目は，のれんや固定資産という資産科目が適切であると考えられます。

なお，のれんや固定資産の減損以外の局面では，資産科目や負債科目以外が適切な場合もあります。それには，次のものが含まれます（見積開示会計基準第23項）。

- 当年度の財務諸表に計上した収益や費用（例えば，一定期間にわたり充足される履行義務に係る収益の認識）
- 会計上の見積りを行った結果，当年度の財務諸表に計上しないこととした負債（例えば，引当金）
- 注記において開示する金額を算出するにあたって見積りを行ったもの（例えば，金融商品や賃貸等不動産の時価情報）

②　項目の識別における判断

見積開示会計基準では，「開示する項目」を識別する判断基準が示されていません。これには，基準設定主体側の理由と，企業側の理由の2つがあります。

まず，基準設定主体側の理由としては，すべての状況において有用な情報を開示するルールの作成が困難だからです（見積開示会計基準第22項）。これはやむを得ません。

次に，企業側の理由は，企業が行うリスクマネジメントの水準を踏まえたものです。乖離幅・現実味・時間軸の要素を満たす会計上の見積りは，経営上の緊急度も重要度も高いと考えられるため，経営者がこれを放置することはありません。そのようなリスクの回避や軽減，転嫁など，あらゆる対応を図るはずです。このようなリスクマネジメントが適切に実施されている限り，経営上の重要な項目に該当するような「開示する項目」の識別に支障はないと考えられているのです。

したがって，のれんの減損についても，リスクマネジメントが適切に行われている場合には，見積開示会計基準における「開示する項目」として識別すべきかどうかを悩むことはないでしょう。

なお，「開示する項目」の識別から除外する項目として，直近の市場価格により時価評価する資産や負債の市場価格の変動があります（見積開示会計基準第5項)。ただし，のれんの減損では該当しないと考えられます。

③　項目名の注記

のれんをはじめとする減損会計では，前述の「①開示する項目を識別するための着眼点」に説明したとおり，「のれんの評価」や「固定資産の減損」などのように資産科目に基づく注記が適切であると考えられます。ここで思い出したいのが，FRC レポートの〔発見事項3〕の「特定」です。IAS 第1号第125項は，財務諸表に計上された資産や負債の残高，つまり，複数の構成要素の合計金額を注記すべきとは求めていない点です。同じように，日本の見積開示会計基準においても，財務諸表に表示された金額そのものではなく，会計上の見積りの開示対象となった項目に係る計上額が注記される場合もあります（見積開示会計基準第27項)。

したがって，のれんの期末残高が複数の事業から構成されている場合には，見積開示会計基準の開示目的に沿うために，そのうちどの事業に係るのれんが乖離幅・現実味・時間軸の要素を満たしているかどうかを特定する必要があります。こうして特定したのれんについて，その見積りの不確実性を説明していくのです。

具体的には，項目名を注記する時点から「……ののれんの評価」などと特定した開示とする方法もあれば，項目名の注記では「のれんの評価」などとしながらも，その内容の記載では特定したのれんについて説明する方法もあります。また，これらを組み合わせた方法もあります。どの方法を採用しても，３つの要素を満たすほどに見積りの不確実性が高いものについて開示する点は変わりありません。

④　一覧形式による注記

IFRS 会計基準における IAS 第１号第125項では，同項に基づく注記について一覧できるような形式で開示することまでは指定していません。そのため，企業としては，注記事項のどこかに記載をしていれば，同項の要求事項を満たします。これに対して，機関投資家としては，そのような記載では IAS 第１号第125項に基づく注記かどうかが理解しにくくなるため，利便性に問題が残ります。

そこで，日本の見積開示会計基準では，会計上の見積りの開示は，明瞭に示す観点から，独立した注記項目とします（見積開示会計基準第６項）。また，識別した項目が複数ある場合には，それらの項目名は単一の注記として記載します（同項）。つまり，１箇所に記載するのです。こうした方法は，我が国における従来からの開示の枠組みとも整合します。これによって，開示する項目が複数ある場合にも一覧性が保たれ，また，機関投資家が当該情報にアクセスするのも容易となります。

見積開示会計基準に基づく注記を開示する箇所は，連結財務諸表の注記事項では，**図表３－２**（網掛部分）のとおりです。

このように単一の注記とする方法によって，IFRS 会計基準との決定的な違いが生じます。それは，日本の見積開示会計基準では，３つの要素を満たす会計上の見積りと，そうではない会計上の見積りとを明確に区別しなければならない点です。

図表3－2　連結財務諸表規則第16条に基づく注記の順番

順位	根拠規定	注記事項	該当規定
1	第16条第４項	継続企業の前提	第15条の22
2	第16条第１項	連結の範囲等に関する記載 連結の範囲 持分法の適用 連結子会社の事業年度等 会計方針	第13条
3	第16条第２項	重要な会計上の見積り	第13条の２
4		連結の範囲又は持分法適用の範囲の変更	第14条
5		会計基準等の改正等に伴う会計方針の変更	第14条の２
6		会計基準等の改正等以外の正当な理由による会計方針の変更	第14条の３

（注）　上表の規定は，「連結財務諸表の用語，様式及び作成方法に関する規則」の条項を指す。

IFRS会計基準では，のれんの注記事項として，主要な仮定や感応度についての開示が求められる場合があります（IAS第36号第134項）。IAS第１号第125項に基づく注記と同じような説明でありながらも，乖離幅・現実味・時間軸の要素を満たした注記かどうかが明瞭ではありません。

これに対して，日本の見積開示会計基準では，単一の注記として取り扱われる結果，３つの要素を満たさない開示が含まれる場合には，会計基準や開示規則に準拠していないことが明確です。IFRS会計基準よりも，見積開示会計基準に基づく注記とそうではない注記との区分が厳密に求められる点に留意が必要です。

(3)　当年度の財務諸表に計上した金額

①　計上金額の注記

見積開示会計基準では，注記すべき内容として，重要な会計上の見積りを示す項目名に加えて，計上金額とその他の情報が挙げられています（見積開示会計基準第７項)。

ここまで，開示する項目として，のれんや固定資産という資産を挙げること，また，その残高すべてではなく乖離幅・現実味・時間軸の要素を満たすものに特定することを説明してきました。この実践にあたって実務的に悩ましいのは，特定されたのれんの情報が未公表である可能性がある点です。

日本の会計基準ではのれんの内訳すら開示が求められていないため，見積開示会計基準に基づく注記において特定ののれんに関する情報を開示することに抵抗を覚えるかもしれません。しかしながら，のれんとして残高が計上されているものすべてが３つの要素を満たすと誤解されることを避けるためには，注記に記載するのれんを特定すべきです。よって，のれんを特定したうえで，その具体的な数値を示すことが適切です。また，定量的な説明を行わない場合であっても，特定したのれんが残高合計のほとんどを占めているようなときには，その旨を記載することによって，財務諸表の利用者から減損リスクが及ぶ範囲を過大に受け止められる事態を防止できると期待できます。

②　他の注記事項への参照

見積開示会計基準における「開示する項目」がその他の注記事項で開示されている場合，注記の重複を避ける観点から，当該注記事項の記載を参照することができます（見積開示会計基準第７項なお書き）。

ここで，のれんや固定資産の減損会計に関する注記事項として，減損会計基準等に基づくPL注記があります。この内容が開示目的に沿っている場合には，追加で開示する事項はありません。ただし，このPL注記は重要な減損損失が計上された場合にしか開示が要求されません。加えて，すでに減損損失が計上されたものを注記しているため，乖離幅・現実味・時間軸の要素を満たすような見積りの不確実性が高いものが説明されるとは限りません。したがって，のれんの減損の場合，減損会計基準等に基づくPL注記を参照することによって，見積開示会計基準に基づく注記に代えることはないと考えられます。

⑷ 財務諸表利用者の理解に資するその他の情報

見積開示会計基準に基づく注記には，重要な会計上の見積りを示す項目名，計上金額以外に，その他の情報も記載が求められます。その例示として，①当年度の財務諸表に計上した金額の算出方法，②当年度の財務諸表に計上した金額の算出に用いた主要な仮定，③翌年度の財務諸表に与える影響が挙げられます（見積開示会計基準第８項)。これらは例示のため，必ず記載すべきものではありません。また，これら以外の事項を開示することも考えられます。とはいえ，乖離幅・現実味・時間軸という要素を満たすほどに見積りの不確実性が高いものであるため，機関投資家の関心は，どのように算出されたかや，そこで用いられた仮定のうち主要なもの，見積りの不確実性がもたらす影響などに向けられるでしょう。

次に，のれんの減損が見積開示会計基準における「開示する項目」である場合に，これらの例示に該当する事項を考えてみます。

① 当年度の財務諸表に計上した金額の算出方法

のれんの評価を取り上げる場合,「当年度の財務諸表に計上した金額の算出方法」には，のれんの評価方法が該当します。会計上の見積りとして，減損損失の認識要否の判定や使用価値の測定に用いる将来キャッシュ・フローの見積りが挙げられます。

② 当年度の財務諸表に計上した金額の算出に用いた主要な仮定

将来キャッシュ・フローの見積りにあたっては，事業計画が基礎とされます。そのため,「当年度の財務諸表に計上した金額の算出に用いた主要な仮定」には，事業計画の策定に用いられた仮定のうち主要なものが該当すると考えられます。また，事業計画が対象とする期間の後における売上高の成長率が主要な仮定に該当することもあります。さらに，減損損失の測定において，将来キャッシュ・フローの現在価値を算定するために用いた割引率を説明することもあります。

FRCレポートでは，〔発見事項4〕に「仮定の定量化」が指摘されていました。実際の算定では具体的な数値を用いていることから，これらの定量情報を開示することで機関投資家の理解が深まると考えられます。

また，〔発見事項2〕に「明確かつ具体的な記述」も指摘されていました。見積開示会計基準における「開示する項目」が科目ベースではなく，個々の取引や残高などとして特定されている場合には，算出方法や主要な仮定について固有の記述が可能になります。反対に，特定されていない場合には，科目全体としての説明となるため，会計基準等の取扱いを記載していくボイラープレートになりがちです。

③　翌年度の財務諸表に与える影響

翌年度の財務諸表に与える影響に関する情報の開示は，当年度の財務諸表に計上した金額が翌年度においてどのように変動する可能性があるのか，また，その発生可能性はどの程度なのかを財務諸表利用者が理解するうえで有用な場合があります（見積開示会計基準第30項）。具体的には単一の金額のほか，合理的に想定される金額の範囲を示すこと，つまり感応度や結果の範囲について説明することが考えられます。

乖離幅・現実味・時間軸という要素を満たすほどに不確実性の高い会計上の見積りについて，①その算出方法，②主要な仮定に関する説明を聞いた機関投資家としては，その会計上の見積りが財務諸表に与える影響に関心が向くのは自然なことです。それを効果的に説明できる手段が，感応度や結果の範囲です。

のれんの減損に関する感応度では，例えば，事業計画の作成にあたって販売数量が主要な仮定である場合，その販売数量が一定程度減少した場合に，減損損失の計上に至るのかどうか，また，至るのであれば金額はいくらかを示します。また，結果の範囲では，減損に至る場合に，計上される金額の上限と下限の想定を示します。

(5) 個別財務諸表における取扱い

子会社を取得したことによって連結上で生じたのれんの場合，その減損について，連結財務諸表で見積開示会計基準に基づく注記として取り上げたとしても，個別財務諸表ではそれに該当しません。一方，のれん以外の固定資産の場合，その減損は連結財務諸表，個別財務諸表ともに見積開示会計基準に基づく注記として取り上げる場合があります。

連結財務諸表を作成している場合の，個別財務諸表における見積開示会計基準に基づく注記の取扱いには，原則法と容認法があります（見積開示会計基準第9項）。

① 原則法

原則法とは，個別財務諸表においても，項目名，計上金額，その他の情報をフルセットで開示する取扱いです。

② 容認法

容認法とは，このうちの一部を省略する取扱いです。ここで，個別財務諸表における注記を完全に省略しなかった理由は，見積開示会計基準に基づく注記が財務諸表の根幹をなすと考えられる重要な開示項目であると考えられたからです。個別財務諸表で開示すべき内容が連結財務諸表で開示すべき内容と異なるときには，利用者は個別財務諸表における重要な情報が得られないことになります。その結果，少なくとも重要な会計上の見積りを示す項目名と計上金額の開示が必要とされています（見積開示会計基準の公開草案に対する「主なコメントの概要とそれらに対する対応」37)，38))。

連結財務諸表を作成している場合に，個別財務諸表における「会計上の見積りの内容について財務諸表利用者の理解に資するその他の情報」の記載を省略する方法には，次の2つがあります。

1つは，連結財務諸表の記載を参照する方法です（見積開示会計基準第9項）。連結財務諸表を作成している場合で，個別財務諸表において見積開示会計基準に基づく注記を行うときには，「会計上の見積りの内容について財務諸表利用者の理解に資するその他の情報」の注記事項について連結財務諸表の記載を参照できます。これは，注記の重複を避けるためです（見積開示会計基準第32項）。

もう1つは，会計上の見積りの算出方法のみを記載する方法です（見積開示会計基準第9項なお書き）。連結財務諸表を作成している場合で，個別財務諸表において見積開示会計基準に基づく注記を行うときには，識別した項目ごとに，当年度の個別財務諸表に計上した金額の算出方法に関する記載をもって「会計上の見積りの内容について財務諸表利用者の理解に資するその他の情報」の注記事項に代えられます。これは，「単体開示の簡素化」を踏まえた取扱いです（見積開示会計基準第33項）。

どちらの容認法であっても，重要な会計上の見積りを示す項目名とその計上金額までは省略できない点に留意が必要です。

(6)　金融商品取引法の年度の財務諸表以外の取扱い

①　会社法の計算書類等における取扱い

会社法の計算書類においても，見積開示会計基準に基づき「会計上の見積りに関する注記」を行います（会社計算規則第102条の3の2第1項）。ただし，会社法の計算書類における「会計上の見積りに関する注記」は，金融商品取引法の財務諸表における「重要な会計上の見積りに関する注記」と異なる取扱いがある点に留意が必要です。それは，注記が必要な会社の範囲と，注記する内容の範囲の2点です。

〔留意点1〕注記が必要な会社の範囲

会社法の計算書類における「会計上の見積りに関する注記」は，会計監査人設置会社以外の会社の個別注記表では不要です（会社計算規則第98条第2項第1号，第2号，第5号）。これは，「会計上の見積りの変更に関する注記」が会計監査人設置会社である株式会社を対象としていることとの平仄も踏まえたものです（2020年8月12日公示の「『会社計算規則の一部を改正する省令案』に関する意見募集の結果について」第3のうちの7）。

よって，すべての株式会社に対して「会計上の見積りに関する注記」が求められていないため，当該注記が必要な会社に該当するかどうか，すなわち，会計監査人設置会社かどうかを確認する必要があります。

〔留意点2〕注記する内容の範囲

会社法の計算書類における「会計上の見積りに関する注記」は，次のとおり規定されています。

（会計上の見積りに関する注記）
第102条の3の2　会計上の見積りに関する注記は，次に掲げる事項とする。
一　会計上の見積りにより当該事業年度に係る計算書類又は連結計算書類にその額を計上した項目であって，翌事業年度に係る計算書類又は連結計算書類に重要な影響を及ぼす可能性があるもの
二　当該事業年度に係る計算書類又は連結計算書類の前号に掲げる項目に計上した額
三　前号に掲げるもののほか，第1号に掲げる項目に係る会計上の見積りの内容に関する理解に資する情報
2　個別注記表に注記すべき事項（前項第3号に掲げる事項に限る。）が連結注記表に注記すべき事項と同一である場合において，個別注記表にその旨を注記するときは，個別注記表における当該事項の注記を要しない。

このように，会社計算規則には，見積開示会計基準が注記事項として求める「会計上の見積りの内容を表す項目名」，「当年度の財務諸表に計上した金額」，「財務諸表利用者の理解に資するその他の情報」の3点が規定されています。このうち，「会計上の見積りの内容について財務諸表利用者の理解に資するその他の情報」については，金融商品取引法の財務諸表と会社法の計算書類とで違いが生じる可能性があります。

財務諸表等規則では，「金額の算出方法，重要な会計上の見積りに用いた主

要な仮定，重要な会計上の見積りが当事業年度の翌事業年度の財務諸表に与える影響その他の重要な会計上の見積りの内容に関する情報」と規定されています（財務諸表等規則第8条の2の2第1項第3号)。見積開示会計基準が示す例示が，開示規則の中で列挙されていることがわかります。

これに対して，会社計算規則では，「会計上の見積りの内容に関する理解に資する情報」と規定されています（会社計算規則第102条の3の2第1項第3号)。見積開示会計基準が示す例を列挙することなく，概括的な規定とした点に，法務省の考え方が表れているのです。具体的には，「各株式会社の実情に応じて必要な限度での開示を可能とするため」であると示されています（2020年8月12日公示の「『会社計算規則の一部を改正する省令案』に関する意見募集の結果について」第3のうちの7)。というのも，注記する事項は開示目的に照らして判断するものであるからです。金額の算出方法や主要な仮定，翌事業年度の財務諸表に与える影響は例示にすぎません。このほか，会社計算規則は有価証券報告書の提出会社のみを対象としたものではないことや，当該注記を求めることによって実務上の負担も生じることなども考慮した結果，概括的に「会計上の見積りの内容に関する理解に資する情報」と規定されたのです。

こうした概括的な規定によって，自社の実情を踏まえた結果，計算書類に見積開示会計基準で例示されている事項であっても，その注記を要しないと合理的に判断される場合には，その情報を注記しないことも許容されました。そのような考え方が法務省から示されたため，財務諸表等規則すなわち金融商品取引法の財務諸表との違いが生じる可能性があります。

なお，「会計上の見積りの内容に関する理解に資する情報」の注記を記載しない場合であっても，会計上の見積りの項目とその計上額については注記の必要があることを看過してはいけません。

②　四半期（連結）財務諸表における取扱い

見積開示会計基準には，四半期（連結）財務諸表における取扱いについて，特段，定めがありません。ここで注意すべきは，四半期（連結）財務諸表において見積開示会計基準に基づく注記が不要とまでは断言できない点です。というのも，四半期（連結）財務諸表の開示項目ではないとは明記されていないからです。何も規定していないことに意味があります。それが意味するのは，四半期（連結）財務諸表において，見積開示会計基準に基づく注記が最低限注記すべき事項としては定めていない，ということにすぎません。

四半期（連結）財務諸表には，企業（集団）の財政状態，経営成績およびキャッシュ・フローの状況を適切に判断するための重要な事項がある場合，それを注記しなければなりません（企業会計基準第12号「四半期財務諸表に関する会計基準」第19項，第25項）。よって，会計上の見積りがこの重要な事項に該当するときには，それを追加情報として開示する必要があります。例えば，2020年６月26日に開催された第436回企業会計基準委員会の議事概要に従った，新型コロナウイルス感染症の影響に関する四半期決算における開示がこれに該当したものといえます。このように，四半期（連結）財務諸表における見積開示会計基準に基づく注記の要否は，「四半期財務諸表に関する会計基準」に従って判断します。

こうした取扱いは，見積開示会計基準の公開草案に対するコメントへのASBJの対応からも読み取れます。寄せられたコメントは，四半期（連結）財務諸表においても修正された見積りを開示すべきとするものでした。ASBJが示した対応は，「四半期財務諸表に関する会計基準」等の一般原則に従い，開示の要否を検討することになる，というものです（見積開示会計基準の公開草案に対する「主なコメントの概要とそれらに対する対応」55)）。この論点は，会計上の見積りの変更に関するものであるため，四半期（連結）財務諸表における見積りの開示そのものの要否を直接的に示したものではありません。ただし，その要否は見積開示会計基準ではなく，「四半期財務諸表に関する会計基準」に従って判断することを意図していることが間接的に理解できます。すなわち，四半期（連結）財務諸表において見積開示会計基準に基づく注記が必要となる可能性は否定されていない，ということです。

③　中間（連結）財務諸表における取扱い

見積開示会計基準には，中間（連結）財務諸表における取扱いについても，特段，定めがありません。これは，四半期（連結）財務諸表と同様に考えることができます。

また，金融庁企画市場局企業開示課による解説記事では，見積開示会計基準が新設されたものの，「中間財務諸表等の用語，様式及び作成方法に関する規則」および「中間連結財務諸表の用語，様式及び作成方法に関する規則」には重要な会計上の見積りに関する注記を求めないこととした旨が示されています（小作恵右・村瀬正貴・前田和哉・鯵坂弘樹「見積りの開示基準・会計方針の開示基準・改正収益認識基準等の公表に伴う改正財務諸表等規則等の解説」『旬刊経理情報』2020年8月1日号）。こうして中間（連結）財務諸表に関する開示規則に盛り込まなかった理由の1つに，IFRS会計基準では期中に会計上の見積りに関する注記が求められていないことが挙げられています。

確かに，IAS第34号「期中財務報告」では，IAS第1号「財務諸表の表示」第125項の開示を直接的に要求する規定はありません。そのため，日本において，中間（連結）財務諸表にも見積開示会計基準に基づく注記を必須とするならば，IFRS会計基準以上の開示を求めることになりかねないことが懸念されるでしょう。

しかし，IFRS会計基準では，期中財務諸表において会計上の見積りの変更がある場合には，その内容と金額を開示する必要があります（IAS第34号第16A項(d)）。すると，四半期（連結）財務諸表と同様に，中間（連結）財務諸表において見積開示会計基準に基づく注記が不要とまでは断言できません。それは，中間（連結）財務諸表において，見積開示会計基準に基づく注記が最低限注記すべき事項として定められていないだけです。この点にも留意が必要です。

05 注記の作成の仕方

(1) 我が国の適用初年度における開示状況

見積開示会計基準は，2021年３月31日以後終了する連結会計年度および事業年度の年度末に係る連結財務諸表および個別財務諸表から強制適用となりました。１年前倒しの早期適用も認められていたものの，それを実施した上場企業は登場していません。よって，我が国における適用初年度の決算期は，2021年３月期が最初となりました。そこで，TOPIX100構成銘柄（2020年10月30日時点）から日本基準を適用している2021年３月期の企業35社を対象として，連結財務諸表における見積開示会計基準の開示状況を調査しました。その結果が，**図表３－３**に掲げたとおりです。

図表３－３　見積開示会計基準の適用初年度における状況

項目	会社数
固定資産の減損	25
繰延税金資産の回収可能性	11
引当金	10
棚卸資産の評価	9
退職給付債務	8
金融商品	5
保険	4
債務	2
有価証券	2
収益認識	1
企業結合	1
該当なし	1
総計	79

この結果から，固定資産の減損を取り上げた注記が25件と，最も多かったことがわかります。このうち，のれんを見出しに含むものは10件でした。ただし，見積開示会計基準の適用初年度では，乖離幅・現実味・時間軸の要素を満たしていないと考えられる事例も含まれているため，期待される注記の開示状況としては参考値にとどまると捉えるべきです。こうした捉え方は，調査の母集団を拡大しても同様であると推測されます。

(2)　注記の型

見積開示会計基準に基づく注記の仕方は，企業によってさまざまです。比較的標準的な注記の型として，**図表３－４**のとおり整理できます。ただし，「識別した項目に係る重要な会計上の見積りの内容に関する情報」といった見出しを付さない事例があります。当該注記にあたって記載量が多い場合には，機関投資家の利便性を踏まえると，このような見出しを付すほうが適切と考えられます。

なお，のれんの減損に関する具体的な記載については，「06　のれんの減損についての見積開示とその事例」で説明します。

図表３－４　標準的な注記の型

（重要な会計上の見積り）

１．■■■

　(1)　当連結会計年度の連結財務諸表に計上した金額

　　　■■■　　XXX 百万円

　(2)　識別した項目に係る重要な会計上の見積りの内容に関する情報

　　①　金額の算出方法

　　　……

　　②　重要な会計上の見積りに用いた主要な仮定

　　　……

　　③　翌連結会計年度の連結財務諸表に与える影響

　　　……

(3) 重要な会計上の見積りを識別していない場合の開示

見積開示会計基準に基づく注記は，乖離幅・現実味・時間軸の要素を満たす場合に開示が求められます。開示規則においても，重要な会計上の見積りを識別した場合に注記を要求しています。例えば，財務諸表等規則では，次のとおり規定されています。

（重要な会計上の見積りに関する注記）
第８条の２の２　当事業年度の財務諸表の作成に当たつて行つた会計上の見積り（この規則の規定により注記すべき事項の記載に当たつて行つた会計上の見積りを含む。）のうち，当該会計上の見積りが当事業年度の翌事業年度の財務諸表に重要な影響を及ぼすリスクがあるもの（以下この条において「重要な会計上の見積り」という。）を識別した場合には，次に掲げる事項であつて，投資者その他の財務諸表の利用者の理解に資するものを注記しなければならない。

一　重要な会計上の見積りを示す項目
二　前号に掲げる項目のそれぞれに係る当事業年度の財務諸表に計上した金額
三　前号に掲げる金額の算出方法，重要な会計上の見積りに用いた主要な仮定，重要な会計上の見積りが当事業年度の翌事業年度の財務諸表に与える影響その他の重要な会計上の見積りの内容に関する情報

（以下略。なお，下線は筆者が付した。）

したがって，翌年度の財務諸表に重要な影響を及ぼすリスクがある会計上の見積りを識別していない場合には，見積開示会計基準に基づく注記は不要です。このようなパターンは，開示事例に基づくと，次のとおり，３つが挙げられます。

１つ目のパターンは，該当する事項がない旨を簡素に説明するものです。例えば，次の記載です。

該当事項はありません。

２つ目のパターンは，重要な会計上の見積りを識別していないことを説明す

るものです。例えば，次のような記載があります。

> 当連結会計年度の連結財務諸表に計上した金額が会計上の見積りによるもののうち，翌連結会計年度の連結財務諸表に重要な影響を及ぼすリスクがある項目はありません。

３つ目のパターンは，何ら言及しないものです。開示規則のとおり，重要な会計上の見積りを識別した場合にのみ注記が求められること，また，重要な会計上の見積りを記載することが様式として定められていないことから，当該注記がない旨をあえて記載する必要がないからです。

このため，見積開示会計基準に基づく注記が記載されていない状況とは，「開示する項目」が識別されていないか，あるいは，他の会計基準等に従って開示している内容が開示目的を満たしていることから，追加で開示する情報がないかのいずれかです。なお，個別財務諸表における容認法を適用する場合であっても，重要な会計上の見積りを示す項目名とその計上金額までは省略できない点はQ4「(5)個別財務諸表における取扱い」で説明したとおりです。

ここまでの解説をまとめると，**図表３－５**のように示すことができます。

図表３－５　開示する項目と注記のマトリックス

		見積開示会計基準に基づく注記	
		しない	する
開示する項目の識別	している	他の注記事項の参照 （注：個別財務諸表における省略規定とは異なる）	所定の注記
	していない	何ら言及しない （パターン３）	ない旨の記載 （パターン１，２）

06 のれんの減損についての見積開示とその事例

(1) 開示する項目として識別すべき必要性

のれんの減損について，見積開示会計基準に基づく注記で開示することに違和感を覚えることはないでしょう。ただし，注意したいのは，のれんの減損がどのような場合にも見積開示会計基準における「開示する項目」に該当するわけではない点です。乖離幅・現実味・時間軸の要素を満たす場合に限って，見積開示会計基準に基づく注記として開示します。

のれんの減損が見積開示会計基準における「開示する項目」に該当するかどうかについては，減損プロセスの各ステップに応じて，７つのシナリオが考えられるため，これらについて解説していきます。ただし，シナリオは１つの目安として提示するものであるため，企業が置かれた状況によっては異なる取扱いとなる点に留意が必要です。

① 減損プロセスのステップ１：減損の兆候

ステップ１において減損の兆候がないと判断された場合に，のれんの減損を見積開示会計基準における「開示する項目」として識別すべきかどうかは，大きく２つのシナリオに分けられます。

シナリオ１	何ら懸念がない

シナリオ１は，企業内部でのれんの減損が論点となっていない状況です。乖離幅や現実味，時間軸のいずれの要素も満たしていない場合には，のれんの減損について何ら懸念がないことから，見積開示会計基準における「開示する項目」として識別する必要はありません。もちろん，固定資産の減損会計が適切に理解されていること，すなわち，適切なリスクマネジメントが実施されてい

ることが前提です。

具体的には，のれんの場合，取得した子会社や事業の業績が目論見どおりに進行している状況や上振れしている状況が挙げられます。ちなみに，設備投資によって計上された固定資産の場合，事業計画どおりに進捗している状況が挙げられます。

シナリオ2	ギリギリ兆候なし

シナリオ2は，ステップ1で減損の兆候がないと判断される場合であっても，翌年度には減損の兆候があると判断されかねない状況を指します。例えば，翌年度における営業活動から生ずる損益またはキャッシュ・フローがかろうじてプラスであるものの，事業計画における主要な仮定が実績とわずかに乖離することでマイナスに転じると見込まれる状況です。

このような状況においては，ステップ2の判定も踏まえた判断が実質的に行われていると想定されることから，次に説明する**シナリオ3**または**シナリオ4**として取り扱うことが適当です。

②　減損プロセスのステップ2：減損損失の認識の判定

ステップ2では，割引前将来キャッシュ・フローと帳簿価額とを比較します。ここで算定する将来キャッシュ・フローは割引前のものであるため，IAS第1号第125項に基づく注記に登場する割引率は用いられません。そのため，ステップ2の場合，IFRSの開示事例をそのまま参考にできない点に留意が必要です。

のれんの減損を見積開示会計基準における「開示する項目」して識別すべきかどうかは，割引前将来キャッシュ・フローが帳簿価額をどの程度上回っているかどうかによって**シナリオ3**か，**シナリオ4**に分かれます。

シナリオ3	割引前将来キャッシュ・フローが帳簿価額を下回る懸念がない

シナリオ3は，割引前将来キャッシュ・フローが帳簿価額を大幅に上回っている状況です。ここのポイントは，「大幅に上回っている」という点です。このような場合，仮にのれんの残高が多額であるために乖離幅の要素を満たしたとしても，減損を招く現実味もなければ，それが翌年度に生じることもありません。現実味や時間軸の要素を満たすことはないため，のれんの減損を見積開示会計基準における「開示する項目」として識別する必要はないのです。

FRC レポートの〔発見事項1〕では，「回収可能価額の根拠となる主要な仮定の合理的に起こりうる変化によって，帳簿価額が回収可能価額を上回ることになるとは取締役会は考えていない」という開示が紹介されていました。これを日本の会計基準に当てはめるなら，割引前将来キャッシュ・フローが帳簿価額を下回ることに現実味も時間軸もないにもかかわらず，見積開示会計基準における「開示する項目」として識別することです。ただし，割引前将来キャッシュ・フローが帳簿価額を大幅には上回らない場合には，主要な仮定が合理的な範囲で変動したときに減損損失を招くおそれがあるため，**シナリオ4**と考えるのが適切なことがあります。

シナリオ4	割引前将来キャッシュ・フローが帳簿価額を下回る懸念がある

シナリオ4は，割引前将来キャッシュ・フローが帳簿価額を上回っているものの，その上回りの程度に余裕がない状況です。将来キャッシュ・フローの見積りにあたって用いた主要な仮定が合理的な範囲で変動すると，のれんの評価額に重要な影響を与えかねません。すなわち，翌年度における状況の変化によっては，減損損失の計上を招きかねないのです。そのため，のれんの残高が多額であるために乖離幅の要素を満たしていた場合，現実味や時間軸の要素も満たすときには，見積開示会計基準における「開示する項目」として識別する

必要があります。

③　減損プロセスのステップ3：減損損失の測定検討

ステップ3では，帳簿価額が割引前将来キャッシュ・フローを下回っているため，割引後の将来キャッシュ・フローとの差額が減損損失として計上されます。また，重要な減損損失を認識した場合には，減損会計基準等に基づくPL注記が必要です。

こうした中で，のれんの減損を見積開示会計基準における「開示する項目」として識別すべきかどうかは，減損損失を計上した後ののれんの帳簿価額の多寡に着目します。その多寡に応じて，**シナリオ5**，**シナリオ6**，**シナリオ7**の3つに分かれます。

シナリオ5	減損損失を計上した後の簿価がゼロ

シナリオ5は，減損損失を計上した結果，のれんの帳簿価額がゼロとなった状況です。日本の会計基準では，のれんを含めた固定資産全般に対して減損損失の戻入れが認められていません。そのため，のれんの帳簿価額をゼロとするような減損損失が計上された場合，これ以上の減損が生じることはありません。つまり，のれんの減損に関する不確実性がないのです。よって，見積開示会計基準における「開示する項目」として識別する必要はありません。

シナリオ6	減損損失を計上した後の簿価が乖離幅の要素を満たさない

シナリオ6は，減損損失を計上した結果，のれんの帳簿価額がゼロにまで至っていないものの，重要ではない水準で計上されている状況です。この場合，仮に翌年度にのれんの全額が減損となったとしても，計上される減損損失は多額にはなりません。このように，のれんの帳簿価額が乖離幅の要素を満たすほどに多額ではないときには，見積開示会計基準における「開示する項目」とし

て識別する必要はありません。

シナリオ7	減損損失を計上した後の簿価が乖離幅の要素を満たす

シナリオ7は，減損損失を計上したものの，のれんの帳簿価額が依然として重要な水準で計上されている状況です。**シナリオ5**や**シナリオ6**のように，減損となったことで，不確実性がなくなったとは評価できません。よって，乖離幅の要素については満たしています。こうした中で，現実味と時間軸の要素を満たす場合には，見積開示会計基準における「開示する項目」として識別しなければなりません。

ただし，当年度の減損によって，のれんの帳簿価額はすでに回収可能価額まで切り下げられています。そのため，**シナリオ7**に該当するのは，当年度の減損にあたって想定していない事象や状況が生じた場合に限られるものと考えられます。

⑵　重要な会計上の見積りの項目名

①　資産の科目

見積開示会計基準に基づく注記では，まず，項目名を記載しなければなりません。すでに「04　見積開示会計基準で押さえるべきポイント　⑵会計上の見積りの内容を表す項目名」で説明したとおり，「減損損失」という損益科目よりは「のれん」という資産科目のほうが適切であると考えられます。

その記載の仕方としては，「のれんの評価」や「のれんの減損」のように，資産の科目名と論点とを組み合わせた表記にすると，機関投資家にとって理解しやすくなります。

②　特定化

重要な会計上の見積りの項目名を記載する際に，乖離幅・現実味・時間軸の要素を満たした事業に特定する事例もあります。このとき，次のような記載が考えられます。

- ……ののれんの評価
- ……事業に係るのれんの減損
- のれんの評価（……事業）

ここで「……」の箇所に，減損の懸念がある事業や拠点の名称を記載します。我が国の適用初年度における開示状況においても，**図表３－６**のとおり，項目名を特定した事例が登場しています。

のれんの減損に関する情報開示は，セグメント情報との関連も重視されます。そのため，実務的な観点からは，重要な会計上の見積りの項目名や財務諸表利用者の理解に資するその他の情報において，報告セグメントと関連づけられるようにしておくことが適切です。

図表３－６　重要な会計上の見積りの項目名を特定化した事例

#	会社名	重要な会計上の見積りの項目名
1	㈱オリエンタルランド	ブライトンホテル事業の固定資産の減損
2	㈱バンダイナムコホールディングス	㈱バンダイナムコアミューズメントに関する有形及び無形固定資産の評価
3	ＡＮＡホールディングス㈱	航空事業に係るのれんの減損
4	中部電力㈱	原子力発電事業の固定資産の評価
5	東京瓦斯㈱	海外子会社における固定資産の減損及び投資有価証券の評価

（出所）　各社の2021年３月期に係る有価証券報告書の連結財務諸表における（重要な会計上の見積り）に関する注記の項目名を抜粋。

(3)　当連結会計年度の連結財務諸表に計上した金額

見積開示会計基準に基づく注記では，項目名の次に，財務諸表に計上した金額を記載します。

多くの場合，次のような表形式によって，のれんの残高を表記しています。

ただし，複数ののれんを有している場合に，「のれん」とだけ記載すると，すべてののれんが乖離幅・現実味・時間軸の要素を満たしていると表現することとなります。それが実態に合った表現かどうかについては，今一度，検討が必要なこともあると考えられます。

【よくある事例】

（単位：百万円）

	当連結会計年度
のれん	X,XXX

これに対して，重要な会計上の見積りに関する項目を特定した記載を行っている事例もあります。のれんでいえば，見積開示会計基準における「開示する項目」として識別したのれんだけを記載するものです。この記載には，いくつかの方法があります。

まず，いったん財務諸表に計上した合計金額を示しつつも，関連する事業や拠点とその金額を併記する方法です。例えば，**開示事例 3－1** のとおりです。

開示事例 3－1　重要な会計上の見積りに関する項目について特定した注記（のれん）

・のれんの減損の兆候に関する判断について

(1)　当連結会計年度の連結財務諸表に計上した金額

（単位：百万円）

	当連結会計年度
のれん	34,071

連結財務諸表に計上した金額のうち，31,915百万円については保険薬局事業に関連するものであります。

（出所）　クオールホールディングス㈱，2021年３月期に係る有価証券報告書の連結財務諸表に注記された（重要な会計上の見積り）からの一部抜粋。

また，重要な会計上の見積りに関する項目だけを記載する方法もあります。関連する事業や拠点とその金額だけを記載するものです。ここで，見積開示会計基準の「開示する項目」として複数が識別された**開示事例3-2**を紹介します。

開示事例3-2　「開示する項目」が複数の場合の注記（のれん）

Programmed Maintenance Services Limited社のMaintenance事業及びStaffing事業に係るのれん等の評価

1．当連結会計年度の連結財務諸表に計上した金額

（単位：百万円）

	Maintenance事業	Staffing事業	計
のれん	23,525	2,474	26,000
商標権	3,116	3,428	6,544
その他無形固定資産	5,343	1,968	7,311
計	31,985	7,871	39,856

（出所）パーソルホールディングス㈱，2021年3月期に係る有価証券報告書の連結財務諸表に注記された（重要な会計上の見積り）からの一部抜粋。

このように，重要な会計上の見積りの項目を特定した記載を行うことが見積開示会計基準の趣旨に沿った開示といえます。なお日本の会計基準や開示規則はのれんの内訳の開示を要求していないため，そのような開示を行うと，これまで公表していなかった情報を開示することになります。そのような状況でありながらも，当該情報の開示に踏み切った企業では，財務報告に対する姿勢が評価されるものと考えます。

(4)　金額の算出方法

見積開示会計基準に基づく注記では，「識別した項目に係る重要な会計上の見積りの内容に関する情報」といった見出しを付した中で，金額の算出方法を

記載することがあります。のれんの減損でいえば，のれんの評価をどのように行っているかを説明するものです。

これについて，会計基準に沿うような形で説明しているケースがあります。簡潔に説明したものとして，**開示事例３－３**があります。

開示事例３－３　会計基準に沿うように算出方法を記載した注記（のれん）

> ⑴　のれんの減損
> ②　識別した項目に係る会計上の見積りの内容に関する情報
> イ．算出方法
> 当社グループは，買収時に見込んだ超過収益力をその対象会社ののれんとして認識しており，当該対象会社ごとに資産のグルーピングを行っております。
> 各資産グループに減損の兆候がある場合，当該資産グループから得られるのれんの残存償却年数に対応する割引前将来キャッシュ・フローの総額が帳簿価額を下回る場合には，減損損失を認識し，将来キャッシュ・フローの割引現在価値により使用価値を算定して，帳簿価額を当該使用価値まで減額し，減損損失を計上しております。

（出所）　アインホールディングス㈱，2021年４月期に係る有価証券報告書の連結財務諸表に注記された（重要な会計上の見積り）からの一部抜粋。

また，重要な会計上の見積りとして特定した項目について，**開示事例３－４**のように，減損プロセスを説明しているケースもあります。このような事例を参考にしながら，減損の兆候の有無まで言及した開示を行うことも可能です。

開示事例３－４　特定した項目の減損プロセスを説明した注記（のれん）

> ２　買収・出資に伴うのれんの評価
> ⑵　会計上の見積りの内容について連結財務諸表利用者の理解に資するその他

の情報

①　当連結会計年度の連結財務諸表に計上した金額の算出方法

のれんの減損の兆候の識別，減損損失の認識の判定及び測定は，のれんが帰属する事業に関連する資産グループにのれんを加えた，より大きな単位で行っております。

当社グループでは，減損の兆候が発生しているかどうかについて，資産グループの特性を踏まえて，一定の基準を定めて判断しております。

当社グループののれん残高のうち，重要な割合を占めるFSIの取得により計上したのれんについては，FSIを一つの資産グループとして，減損の兆候の有無を判断し，評価した金額を計上しております。

減損の兆候を識別するために，FSIの最新の事業計画を考慮した将来の一定期間にわたる予想利益が，収益性の低下により投資の回収が見込めなくなる可能性を示す水準まで落ち込んでいないかどうかについて，一定の基準を定めて判断しております。このほか，のれん償却額を考慮したFSIの営業利益が2期連続で赤字となっていないかどうか，FSIに対する投資の回収可能性を著しく低下させる要因となり得る株式市場における株価指数の悪化の有無，FSIの預り資産残高の減少の有無及び主要なファンド・マネジャーの離職状況等について分析し，減損の兆候の有無を判断しております。（以下，略）

（出所）㈱三菱UFJフィナンシャル・グループ，2021年3月期に係る有価証券報告書の連結財務諸表に注記された（重要な会計上の見積り）からの一部抜粋。

(5)　重要な会計上の見積りに用いた主要な仮定

見積開示会計基準に基づく注記では，「識別した項目に係る重要な会計上の見積りの内容に関する情報」といった見出しを付した中で，重要な会計上の見積りに用いた主要な仮定を記載することがあります。のれんの減損でいえば，金額の算出過程における見積りにあたって複数設定している仮定の中から，最もキーとなる仮定を説明します。

①　主要な仮定の具体例

IFRS会計基準では，将来キャッシュ・フロー，成長率，割引率についての注記が求められます（IAS第36号第134項）。のれんは非償却のため，毎期，減損テストが必要なことから，これらの説明が欠かせません。

これに対して，日本の見積開示会計基準に基づく注記では，減損プロセスに応じて，「⑴開示する項目として識別すべき必要性」で説明したシナリオが異なるため，それに伴って主要な仮定も異なります。例えば，**シナリオ4**では，将来キャッシュ・フローの主要な仮定，成長率が該当するものの，割引率は用いられないことから仮定が置かれません。一方，**シナリオ5**から**7**では，割引率が該当するものと考えられます。また，将来キャッシュ・フローは事業計画に基づくため，事業計画の構成要素から主要な仮定が選定されるものと考えられます。

のれんの評価を取り上げた場合の，事業計画の主要な仮定は，**図表3－7**のとおりです。

図表3－7　のれんの評価における事業計画の主要な仮定の事例

#	会社名	決算期	項目名	対象の事業・拠点	事業計画における主要な仮定
1	㈱サイネックス	2021年3月期	固定資産の減損（のれん）	連結子会社	受託契約獲得見込，契約見積単価
2	㈱ツルハホールディングス	2021年5月期	㈱ビー・アンド・ディーに係るのれんの評価	連結子会社	新規出店，既存店売上高の増加，子会社化に伴う仕入条件の改善による売上総利益の改善
3	フィードフォースグループ㈱	2021年5月期	のれん及び顧客関連資産に係る評価	連結子会社	売上高の成長率
4	㈱ナ・デックス	2021年4月期	のれん及び顧客関係資産の評価	連結子会社	受注獲得予測，売上の成長率，変動費率，固定費の発生状況
5	カメイ㈱	2021年3月期	のれんの減損	連結子会社	将来の市場及びベトナム経済全体の成長率
6	㈱アインホールディングス	2021年4月期	のれんの減損	ファーマシー事業	処方箋枚数，処方箋単価

（出所）　各社の有価証券報告書の連結財務諸表における（重要な会計上の見積り）に関する注記から該当箇所を抜粋。

②　主要な仮定の定量化

FRC レポートでは，見積りの主要な仮定について定量化することが期待されていました。それは，我が国における見積開示会計基準の適用にあたっても，同様に期待されるものと考えられます。2021年３月期には，**開示事例３－５**，**開示事例３－６**，**開示事例３－７**のように，のれんの減損に関する見積りについて主要な仮定を定量化した事例があったため，紹介します。

開示事例３－５　事業計画における主要な仮定を記載した注記（のれん）

（顧客関連資産及びのれんの算定）

⑶　重要な会計上の見積りに用いた主要な仮定

事業計画（将来キャッシュ・フロー）の算出に用いた主要な仮定は既存顧客から稼得される売上高の逓減率であり，また，顧客関連資産及びのれんの算定の際に当該事業計画を現在価値に割引計算するために使用した主要な仮定は加重平均資本コストであります。

既存顧客から稼得される売上高の逓減率については，コロナの影響を受けた前期及び当期の実績を含む過去数年の趨勢，年間契約であるという顧客との契約関係を考慮し，毎年５％の減少があるとの仮定を置いております。加重平均資本コストについては，5.8%との仮定を置いて計算しております。

（出所）　大和自動車交通㈱，2021年３月期に係る有価証券報告書の連結財務諸表に注記された（重要な会計上の見積り）からの一部抜粋。

開示事例３－６　事業計画が対象とする期間後における成長率を記載した注記（のれん）

１．Sekisui Aerospace Corporation グループののれんの評価

⑵　識別した項目に係る重要な会計上の見積りの内容に関する情報

②　主要な仮定

割引前将来キャッシュ・フローの算出に用いた主要な仮定は，航空機産業における市況の回復の見込み，顧客からの受注の見込み及び事業計

画が対象とする期間後における成長率である。成長率は，市場の長期平均成長率にCOVID-19の影響を考慮して２%としている。

（出所） 積水化学工業㈱，2021年３月期に係る有価証券報告書の連結財務諸表に注記された（重要な会計上の見積り）からの一部抜粋。

開示事例３－７　成長率と割引率を定量的に説明した注記（のれん）

Programmed Maintenance Services Limited社のMaintenance事業及びStaffing事業に係るのれん等の評価

２．識別した項目に係る重要な会計上の見積りの内容に関する情報

（略）減損テストにおいて参照する各事業の回収可能価額は，同社経営陣により承認された翌連結会計年度の予算及びその後４ヶ年の業績予測を基礎とする使用価値に基づき算定しており，これを超える期間におけるキャッシュ・フローについては，当連結会計年度においてMaintenance事業については2.5%，Staffing事業については2.0%を継続成長率として設定しております。

使用価値の算定に使用した税引前割引率は加重平均資本コストに基づいて算定しており，当連結会計年度においてはMaintenance事業については10.3%，Staffing事業については12.2%であります。（以下，略）

（出所） パーソルホールディングス㈱，2021年３月期に係る有価証券報告書の連結財務諸表に注記された（重要な会計上の見積り）からの一部抜粋。

(6) 翌連結会計年度の連結財務諸表に与える影響

見積開示会計基準に基づく注記では，「識別した項目に係る重要な会計上の見積りの内容に関する情報」といった見出しを付した中で，翌連結会計年度の連結財務諸表に与える影響を記載することがあります。

この影響に関する開示として，会計上の見積りや仮定には不確実性があるため，翌連結会計年度以降の連結財務諸表に重要な影響を与える可能性がある旨を記載した事例があります。このように，将来の不確実性に関する注意喚起的な記載は，有価証券報告書の「経営者による財政状態，経営成績及びキャッ

（単位：百万円）

	割引率0.1%の増加	成長率0.1%の減少
追加で認識される減損損失	295	239

（以下，略）

（出所）グローリー㈱，2021年３月期に係る有価証券報告書の連結財務諸表に注記された（重要な会計上の見積り）からの一部抜粋。

開示事例３－９　主要な仮定の変動率に関する設定を説明した注記（のれん）

２．のれん及び無形固定資産の減損の認識及び測定

⑵　識別した項目に係る重要な会計上の見積りの内容に関する情報

③　翌連結会計年度の連結財務諸表に与える影響

主要な仮定の１つである売上高成長率は見積りの不確実性を伴っております。

フォーレスト株式会社で2022年度以降の各連結会計年度の売上高が算出に用いた金額の90%となった場合，フォーレスト株式会社取得に係るのれん及び顧客関連資産で43百万円の減損損失が発生する可能性があります。

株式会社ジェイトップで2022年度以降の各連結会計年度の売上高が算出に用いた金額の95%となった場合，株式会社ジェイトップ取得に係るのれん及び顧客関連資産で426百万円の減損損失が発生する可能性があります。

夢見る株式会社で2022年度以降の各連結会計年度の売上高が算出に用いた金額の85%となった場合，夢見る株式会社取得に係るのれんで532百万円の減損損失が発生する可能性があります。

（注）　各社の翌連結会計年度以降の売上高を算出に用いた金額から５%刻みで減少させた場合に減損損失が発生すると見込まれる減少率と減損損失の金額を記載しております。

（出所）㈱エディオン，2021年３月期に係る有価証券報告書の連結財務諸表に注記された（重要な会計上の見積り）からの一部抜粋。

開示事例 3-10　結果の範囲を説明した注記（のれん）

固定資産の減損（のれん及び無形資産を含む）

(2) 連結財務諸表利用者の理解に資するその他の情報

③ 翌連結会計年度の連結財務諸表に与える影響

主要な仮定の１つである売上の成長率は，見積りの不確実性が高く，将来キャッシュ・フローが変動するリスクがあります。将来キャッシュ・フローが，資産グループの帳簿価額を下回った場合に減損損失が発生するリスクがあり，売上の成長率が△2.3%（筆者注：０%と設定している）を下回った場合に発生する可能性があります。

（出所）㈱丸和運輸機関，2021年３月期に係る有価証券報告書の連結財務諸表に注記された（重要な会計上の見積り）からの一部抜粋。

07 関係会社株式の評価についての見積開示とその事例

(1) 関係会社株式の評価が論点となる場合

① 連結上ののれんに連動

連結財務諸表における見積開示会計基準に基づく注記として「のれんの評価」を開示する場合，個別財務諸表におけるその注記では「関係会社株式の評価」を開示する状況が考えられます。連結上ののれんが乖離幅・現実味・時間軸の要素を満たす場合，個別財務諸表では，当該のれんが帰属する事業を行っている関係会社株式の評価が論点となりかねないためです。

取得した関係会社が複数の事業を行っている場合には，のれんも分割されるため，他の事業が好調のときには，関係会社株式の評価に影響が及ばないこともあります。その場合，分割されたのれんの評価だけが連結財務諸表で見積開示会計基準に基づく注記として開示されます。

それに対して，取得した関係会社が単一の事業しか行っていない場合には，のれんも当該事業にしか帰属しないため，当該事業の業績によって，のれんとともに関係会社株式の評価にも影響が及びます。この場合，のれんの減損損失や関係会社株式評価損の要否の検討に際しては，当該関係会社の事業計画の見積りが重要な要素になると考えられます。つまり，見積開示会計基準に基づく注記として，両者に共通する事項があるのです。

そこで，連結財務諸表における「のれんの評価」に関連して，個別財務諸表における「関係会社株式の評価」についても見積開示会計基準に基づく注記の仕方を整理します。

②　注記が不要なケース

関係会社株式の評価は，その実質価額が取得原価に比べて著しく低下した場合に，回復の見込があると認められるときを除き，減損処理が行われます。この実質価額の算定に見積りの要素が含まれます。

このとき，見積りの主要な仮定が合理的な範囲で変化したとしても，実質価額が取得原価に対して著しく低下する可能性は低いと判断している場合には，現実味や時間軸の要素を満たしません。見積開示会計基準における「開示する項目」として識別されないため，注記は不要です。FRC レポートの〔発見事項1〕で指摘があったように，乖離幅・現実味・時間軸の要素を満たす会計上の見積りこそ開示が求められる点に留意が必要です。

(2)　重要な会計上の見積りの項目名

重要な会計上の見積りの項目名としては，多くの事例では「関係会社株式の評価」とされています。

また，関係会社株式について，その全額ではなく，乖離幅・現実味・時間軸の要素を満たす銘柄を特定する場合には，項目名に銘柄を記載する事例があります。ただし，項目名を特定した事例は，連結上ののれんとは異なり，そう多くはありません。

その代わりに，多くの事例では「当事業年度の財務諸表に計上した金額」や「会計上の見積りの内容について財務諸表利用者の理解に資するその他の情報」といった見出しを付した中で特定を行っています。

(3) 当事業年度の財務諸表に計上した金額

① 項目の特定

多くの事例では，関係会社株式として貸借対照表に計上された合計残高のみを記載しています。

これに対して，「開示する項目」を重要な会計上の見積りを行っている銘柄に特定している場合には，**開示事例３-11**のように特定項目のみを開示するケースもあれば，**開示事例３-12**のように関係会社株式の合計残高と併記しているケースもあります。

開示事例３-11　特定項目のみを記載した注記（関係会社株式）

> １．関係会社株式の評価
> (1) 当年度の財務諸表に計上した金額
> 時価を把握することが極めて困難と認められる関係会社株式である株式会社エクスラボ株式（10,000千円）

（出所） ㈱エクストリーム，2021年３月期に係る有価証券報告書の個別財務諸表に注記された（重要な会計上の見積り）からの一部抜粋。

開示事例３-12　合計残高と特定項目を併記した注記（関係会社株式）

> （関係会社株式の評価）
> (1) 当事業年度の財務諸表に計上した金額
> 関係会社株式　23,865百万円
> 関係会社株式には，子会社であるKamei Singapore Pte. Ltd. に係る関係会社株式（6,371百万円）が含まれております。

（出所） カメイ㈱，2021年３月期に係る有価証券報告書の個別財務諸表に注記された（重要な会計上の見積り）からの一部抜粋。

②　関連する「開示する項目」

関係会社に対して投資のみならず融資等も行っている場合には，関係会社株式の評価に加えて，債権の回収可能性や債務保証の状況も実務上の論点となります。「開示する項目」について，関係会社株式という投資に限定することなく，**開示事例３-13**のように貸付金などの融資も含めたケースが登場しています。

開示事例３-13　特定した項目と関連する項目も併記した注記（関係会社株式）

関係会社に対する投融資の評価

(1)　当事業年度の財務諸表に計上した金額

関係会社株式	11,661百万円
長期貸付金	2,848百万円
貸倒引当金	1,675百万円
債務保証損失引当金	474百万円

（出所）　フォスター電機㈱，2021年３月期に係る有価証券報告書の個別財務諸表に注記された（重要な会計上の見積り）からの一部抜粋。

このほか，「開示する項目」を関係会社株式の評価とは別に設けるケースもあります。その場合，別途，「関係会社貸付金の評価」といった項目名によって内容が説明されます。

(4)　金額の算出方法

ここでは，関係会社株式の評価の方法について説明します。開示された事例では，関係会社株式の実質価額の算定方法や，５年以内に実質価額が帳簿価額まで回復する可能性が合理的に見込まれると判断した事業計画などが説明されています。中には，項目として個別銘柄を特定したうえで，当該銘柄の評価を詳述しているケースもあります。例えば，**開示事例３-14**が該当します。また，この事例では外部の専門家を利用している旨も開示されています。

開示事例3-14　個別銘柄の評価を詳述した注記（関係会社株式）

2．関係会社株式

⑴　当事業年度の財務諸表に計上した金額

関係会社株式（三菱ロジスネクストヨーロッパ社）　33,867百万円

⑵　識別した項目に係る重要な会計上の見積りの内容に関する情報

関係会社株式については，子会社及び関連会社の財政状態の悪化により実質価額が50%以上低下したときは，相当の減額をなし，評価差額は当期の損失として処理することとしております。

三菱ロジスネクストヨーロッパ社の株式の実質価額は，株式価値により算定しております。株式価値は，市場の動向やシェアに基づく販売台数，販売価格，粗利率やPMI（ポスト・マージャー・インテグレーション）活動といった状況に応じ合理的と考えられる様々な要因を考慮して策定された実行可能で合理的な事業計画又は中期経営計画に基づき見積りを行った将来キャッシュ・フローを独立した外部専門家により算出された割引率を用い算定された事業価値から非事業資産（現金及び預金）及び有利子負債を調整し算定しております。なお，中期経営計画を超える期間の各年度の将来キャッシュ・フローは，中期経営計画の最終年度の金額にインフレ率を加味し算出しております。（以下，略）

（出所）三菱ロジスネクスト㈱，2021年3月期に係る有価証券報告書の個別財務諸表に注記された（重要な会計上の見積り）からの一部抜粋。

また，**開示事例3-15**のように，関係会社株式の実質価額が帳簿価額よりも著しく低下している銘柄を一括して取り上げるケースもあります。

開示事例３－15　評価損の懸念がある銘柄を一括した注記（関係会社株式）

> ４．非上場株式の評価
> (2)　財務諸表利用者の理解に資するその他の情報
> ①　算出方法
> 当社は株式発行会社の一株当たり純資産額に比べて相当程度高い価額を取得原価として非上場株式を有しており，一株当たり純資産額から算出される実質価額が取得原価の50%程度を下回っている銘柄（財務諸表に計上した金額　関係会社株式　1,695百万円，投資有価証券　17,566百万円）が，複数存在しております。これらの銘柄は，株式取得時に見込んだ将来利益計画の達成状況の検討又はインカムアプローチの評価技法に基づく企業価値の検討により，超過収益力の毀損の有無及び非上場株式の減損の必要性を判定しております。

（出所）TIS㈱，2021年３月期に係る有価証券報告書の個別財務諸表に注記された（重要な会計上の見積り）からの一部抜粋。

(5)　重要な会計上の見積りに用いた主要な仮定

見積りの主要な仮定は，のれんの減損と同様に，企業が置かれた状況によってさまざまです。のれんと関係会社株式の評価において「開示する項目」が同一の場合には，見積りの主要な仮定も同じものが説明されるでしょう。

主要な仮定について，FRC レポートの〔発見事項４〕では定量化が期待されていました。**開示事例３－16**のように，この定量化が行われている事例があります。

開示事例３－16　主要な仮定が定量化された注記（関係会社株式）

> ２．関係会社株式の評価
> (2)　識別した項目に係る重要な会計上の見積りの内容に関する情報
> ②　主要な仮定

> 将来キャッシュ・フローの算定に用いた主要な仮定は，取締役会によって承認された事業計画の基礎となる売上高成長率，また事業計画が策定されている期間を超えている期間についての売上高成長率（０%）並びに割引率（11.3%）であります。
>
> 夢見る株式会社は堺市北区でプログラミング教室等の運営を行っております。
>
> 「GIGA スクール構想」によるプログラミング教育の需要の高まりを受け，プログラミング教室「ロボ団」を関西を中心に新教室を積極的に開設しており，事業計画期間内の売上高成長率は4.1%～61.4%を見込んでおります。
>
> 現時点における新型コロナウイルス感染症の影響は，夢見る株式会社の事業においては新型コロナウイルス感染症により事業環境が変化し，売上高の減少等が見られる事から，影響を受けた当事業年度の業績をベースに将来の事業計画の見直しを行っております。

（出所）㈱エディオン，2021年３月期に係る有価証券報告書の個別財務諸表に注記された（重要な会計上の見積り）からの一部抜粋。

⑹　翌事業年度の財務諸表に与える影響

翌事業年度の財務諸表に与える影響については，のれんの評価と同様に，感応度や結果の範囲を開示することが望まれます。それを実践している事例として，**開示事例３-17**および**開示事例３-18**があります。

開示事例３-17　感応度が示された注記（関係会社株式）

> ２．関係会社株式の評価
>
> ⑵　識別した項目に係る重要な会計上の見積りの内容に関する情報
>
> ③　翌事業年度の個別財務諸表に与える影響
>
> 主要な仮定の１つである売上高成長率は見積りの不確実性を伴っております。

夢見る株式会社で2022年度以降の各事業年度の売上高が算出に用いた金額の90%となった場合，夢見る株式会社株式に対する評価損が223百万円発生する可能性があります。

（注）　夢見る株式会社の翌事業年度以降の売上高を算出に用いた金額から５%刻みで減少させた場合に関係会社株式評価損が発生すると見込まれる減少率と関係会社株式評価損の金額を記載しております。

（出所）　㈱エディオン，2021年３月期に係る有価証券報告書の個別財務諸表に注記された（重要な会計上の見積り）からの一部抜粋。

開示事例３-18　結果の範囲が示された注記（関係会社株式）

４．非上場株式の評価

(3)　翌事業年度の財務諸表に与える影響

主要な仮定である将来売上高の成長率は見積りの不確実性が高く，非上場株式の評価の判断に重要な影響を与える可能性があります。将来売上高の成長率が②に記載の水準を下回った場合には，翌年度において一株当たり純資産額から算出される実質価額が取得原価の50%程度を下回っている銘柄（直近で株式上場が見込まれており，取引価格が公表されている銘柄を除く）の取得原価である2,625百万円を限度として，投資有価証券評価損及び関係会社株式評価損が発生する可能性があります。

（出所）　TIS㈱，2021年３月期に係る有価証券報告書の個別財務諸表に注記された（重要な会計上の見積り）からの一部抜粋。

08　見積開示会計基準に基づく注記作成のポイント

ここまで，のれんの減損について，見積開示会計基準に基づく注記を適切に行うために，FRCレポートを踏まえて当該会計基準の理解を進め，また，注記の記載の仕方について開示事例を交えながら学んできました。ここまでのポイントを整理すると，次のとおりです。

(1) 3つの要素を満たす事項を抽出すること

繰り返し説明してきたとおり，見積開示会計基準に基づく注記では，乖離幅・現実味・時間軸の要素を満たすものを「開示する項目」として識別します。反対に，この3つを満たさないものは，重要な会計上の見積りには該当しません。「開示する項目」の識別の時点で間違えてしまうと，財務諸表に計上した金額やその他の情報のすべてが，財務諸表の利用者に誤解を生じさせかねない説明となります。それは，「のれんの評価」についても同様です。3つの要素を満たしているかどうかについて，のれんの1つひとつについて検討していく必要があります。

また，見積開示会計基準に基づく注記は3つの要素を満たす必要があることから，「開示する項目」の数は自ずと限られます。その結果，「該当なし」という状態も十分にあり得ます。貸借対照表にのれんが計上されていることだけを理由に，あるいは，のれんの残高が多額であることだけを理由に，「開示する項目」として識別することのないよう留意が必要です。

さらに，のれんの減損を「開示する項目」として識別した場合，報告セグメントとの関連づけを行うことが望まれます。会計基準や開示規則などで要求されているわけではないものの，機関投資家がセグメント別に分析を行っていることを踏まえると，開示を通じたコミュニケーションを円滑にするための対応が期待されます。なお，報告セグメントとの関連づけを行う箇所は，項目名や計上金額，その他の情報など，どの事項であっても問題はないと考えられます。

(2) 主要な仮定を絞り込むこと

見積開示会計基準に基づく注記では，「識別した項目に係る重要な会計上の見積りの内容に関する情報」といった見出しを付した中で，主要な仮定について説明することがあります。のれんの減損の場合，将来キャッシュ・フローや成長率が，また，シナリオによっては割引率などがその候補として挙げられます。また，将来キャッシュ・フローは事業計画を基礎とするため，事業計画の作成にあたっての主要な仮定にも言及することが考えられます。事業の性質に応じて，いくつかの主要な仮定を挙げることが適切です。

主要な仮定は，FRCレポートでも指摘があったとおり，定量化が期待されています。具体的な数値として示されることによって，翌年度の開示を待つことなく，機関投資家は時の経過に応じて，主要な仮定の大きな変化の有無を理解できる場合があるからです。そもそも，事業計画は数値で表現されるため，その数値に反映されない仮定はありません。実務上の課題があるとすれば，それをどこまでの水準で，どのように開示するかといったテクニカルな面でしょう。紹介した開示事例を参考にしながら，そうしたテクニカルな面を判断してはいかがでしょうか。

加えて，こうした開示にあたっては，重要な会計上の見積りに関する情報を収集できる体制が必要不可欠です。特に「開示する項目」が連結子会社に関するものである場合，開示を行うために，また，開示の検討を行うために必要な情報が適時かつ適切に入手できない状況も想定されます。財務諸表に計上された金額はもちろんのこと，当該金額の算出方法や見積開示会計基準に用いた主要な仮定，感応度や結果の範囲など，企業グループ内におけるコミュニケーションの内容についても見直しが必要になる状況も考えられます。

(3)　影響を定量的に示すこと

翌年度の財務諸表に与える影響について定量的に示す場合には，感応度や結果の範囲まで検討することを業務プロセスに組み込む必要があります。また，それは，見積開示会計基準に基づく注記として開示しない場合であっても，リスクマネジメントの一環として求められる取組みといえます。

それを実践していくためには，主要な仮定について複数のシナリオをシミュレーションしておくべきです。たった1つのシナリオしか用意していない状況では，異なる結果となったときに適時適切な対応が図れないため，企業経営としてのリスクを高めかねません。会計処理や開示の以前に企業経営の観点から，通常のシナリオに加えて，上振れする楽観的なシナリオや下振れする悲観的なシナリオなどの検討が必要です。

また，こうした検討が通常の業務プロセスの中で行われるようになると，のれんの減損についても，減損損失の計上に至る分岐点や，主要な仮定の変動に応じた減損損失の増加分が定期的に算定されるものと期待できます。見積開示会計基準に基づく注記を作成するために，こうした影響を期末の時点でのみ算定するのではなく，通常の業務プロセスの中で把握している情報に基づき開示できるようにしておくことが機関投資家から期待されているものと考えられます。

さらに，そうした影響の開示は，ピンポイントの金額である必要はありません。幅をもった金額の開示でも十分に機関投資家の期待に応えられることがあります。詰まるところは，経営者が重要な会計上の見積りについてどのように考えているかを示すことです。それがピンポイントの金額で考えているのか，それとも，幅をもった金額で考えているのか，そうしたリスクマネジメントの実態を開示するのです。

このような見積開示会計基準に基づく注記は減損損失の計上の有無にかかわらず開示されることがあるため，減損損失の計上時にしか開示されないという減損会計基準等に基づくPL注記の根源的な問題点を解消することができます。これは，のれんの減損に関する開示コミュニケーションとしては劇的な進歩です。

しかし，見積開示会計基準に基づく注記は，会計上の見積りが乖離幅・現実味・時間軸の要素を満たしている場合に限られます。そのため，当年度における減損プロセスのステップの進行度や減損リスクが低いと考えている根拠などについて説明しようにも，3要素を満たしていなければ当該注記では開示されません。これでは，機関投資家との継続的な開示コミュニケーションという観点からは問題が残ります。そこで，別の手段によって問題を解消していく必要があります。それを可能にするものが，**第4章**で説明する，有価証券報告書における記述情報です。

第4章 記述情報による開示

01「有価証券報告書における記述情報の概要」

(1) 継続的な開示コミュニケーションを可能にする記述情報

減損会計基準等に基づくPL注記は，のれんに減損損失が計上されたときにしか開示されませんでした。これに対して，見積開示会計基準に基づく注記は，減損損失を計上していない場合であっても，当年度の財務諸表に計上したのれんのうち，翌年度の財務諸表に重要な影響を及ぼすリスクがあるものを開示します。ただし，その開示は，乖離幅・現実味・時間軸の要素を満たすものに限られます。このように，のれんの減損に関する財務諸表の注記では，機関投資家との開示コミュニケーションを継続的に行っていくには限界があることを確認してきました。

しかしながら，これらの会計基準に基づく注記以外にも，当年度における減損プロセスにおけるステップの進行度や減損リスクが低いと考えている根拠などについて説明できるなら，減損の継続的な開示コミュニケーションが可能になります。それを実現できる場が，有価証券報告書における記述情報です。

有価証券報告書の記述情報のうち，「経営者による財政状態，経営成績及びキャッシュ・フローの状況の分析」，いわゆるMD&A（Management Discussion and Analysis）の箇所では，連結財務諸表の作成にあたって用いた会計上の見積りのうち重要なものに関する記載が求められています。また，「事業等のリスク」の箇所では，買収実行時や実行後の検討状況について説明することもできます。これらの記述情報を活用することで，減損会計基準等や見積開示会計基準に基づく注記ではカバーしきれない継続的な開示コミュニケーションが行えます。その説明の前に，MD&Aで会計上の見積りの記載が求められた経緯について理解しておきましょう。

(2) ディスクロージャーワーキング・グループの報告書

① 金融担当大臣の諮問に基づく検討

有価証券報告書のMD&Aのうち重要な会計上の見積りに関する記載は，2020年3月期から強制適用となりました。必須の開示事項となったきっかけは，金融審議会ディスクロージャーワーキング・グループ（以下，「DWG」という。）が，2018年6月28日に公表した報告書「金融審議会ディスクロージャーワーキング・グループ報告―資本市場における好循環の実現に向けて―」です。

その7ヶ月ほど前の2017年11月16日に，金融審議会は，金融担当大臣から「投資家の投資判断に必要な情報を十分かつ適時に分かりやすく提供することや，建設的な対話に資する情報開示を促進していくため，企業情報の開示及び提供のあり方について検討を行うこと」との諮問を受けました。これを受けて同年12月から，金融審議会に設置されたDWG（2017年度）が始動します。2018年6月までに8回の会合が開催された結果，報告書が公表されました。この2018年に公表された報告書は，DWGにとって2回目の提言でした。

② 1回目の提言

DWGが初めて公表した報告書は，2016年4月18日付の「ディスクロージャーワーキング・グループ報告―建設的な対話の促進に向けて―」です。その中で，MD&Aとは，「本来，経営者の視点による経営成績等に関する十分な分析・検討が記載されるべきもの」であるとの見解が示されています。しかしながら，当時の「我が国の企業による『MD&A』は，ひな型的な開示となっており，付加価値に乏しいとの意見がある」とも記されています。こうした状況を見直すための手当の1つとして，「事業全体及びセグメント別の経営成績等に重要な影響を与えた要因について経営者の視点による認識と分析などを記載する」ことが提言されました。

この報告書の内容を受けた形で，2017年2月14日付で「企業内容等の開示に関する内閣府令」は改正されました。当該改正は公布日付で施行されたことから，2017年3月31日以後に終了する事業年度に係る有価証券報告書から適用されました。

しかしながら，当該改正を受けたMD&Aの開示によっても，経営者の視点による開示が十分ではなかったと評価されます。全体としては，計数情報をそのまま記述しただけの記載やボイラープレート化した記載が多い状況だったのです。さらなる改善の必要性が認められたことから，DWGによる検討が再開されました。

③　会計上の見積りや仮定の開示

2017年度のDWGにおいてMD&Aの改善，つまり経営者の視点による開示のために参考とされた制度の１つが，米国における重要な会計上の見積り・仮定の説明でした。会計上の見積りや仮定としてどのような前提を置いているかは経営者による将来の見通しにほかならないため，経営判断に直結した情報が開示されるものと期待できます。また，のれんの減損をはじめとして会計上の見積りが機関投資家にとってサプライズと映る状況もあったため，企業の業績に予期せぬインパクトを軽減する意味でもこうした開示は有用です。

重要な会計上の見積りや仮定に関する開示が十分かつ適切に行われるためには，経営のトップが有価証券報告書の作成に早期から関与することが不可欠です。有価証券報告書の提出間際になって経営者がそれに初めて目を通すようでは，財務報告への関与が薄いと批判されても仕方がありません。制度趣旨を踏まえた開示を行うことによって，経営者は説明責任を果たす必要があります。そこで，DWGは2018年の報告書において，「会計上の見積り・仮定は，投資判断・経営判断に直結するものであり，経営陣の関与の下，より充実した開示が行われるべきである。」と提言しました。

これを受けて，2019年１月31日付で「企業内容等の開示に関する内閣府令」は改正されます。こうして，有価証券報告書の記述情報において，重要な会計上の見積りや仮定の説明が求められることとなったのです。このように，MD&Aにおける重要な会計上の見積りや仮定の記述情報は，経営者の視点による開示を充実させるための１つの方策として位置づけられていると理解することが重要です。

(3)　記述情報が求める「会計上の見積り」の内容

DWG の2018年の報告書を受けて改正された「企業内容等の開示に関する内閣府令」によって，次のとおり，第二号様式の記載上の注意に，重要な会計上の見積りおよび当該見積りに用いた仮定の記載が求められました。

> **(32)　経営者による財政状態，経営成績及びキャッシュ・フローの状況の分析**
>
> a(g)　連結財務諸表の作成に当たって用いた会計上の見積り及び当該見積りに用いた仮定のうち，重要なものについて，当該見積り及び当該仮定の不確実性の内容やその変動により経営成績等に生じる影響など，「第５　経理の状況」に記載した会計方針を補足する情報を記載すること。ただし，記載すべき事項の全部又は一部を「第５　経理の状況」の注記において記載した場合には，その旨を記載することによって，当該注記において記載した事項の記載を省略することができる。

この規定の内容を整理すると，次のとおりです。

〔記載の対象〕　連結財務諸表の作成にあたって用いた会計上の見積りおよび当該見積りに用いた仮定のうち，重要なもの

〔記載の例示〕　会計上の見積りおよび当該見積りに用いた仮定に関する不確実性の内容やその変動により経営成績等に生じる影響など

〔記載の内容〕　「第５　経理の状況」に記載した会計方針を補足する情報を記載する

ここで要求される開示とは，**〔記載の内容〕**のとおり，会計方針を補足する情報です。その補足情報とは，**〔記載の対象〕**のとおり，重要な会計上の見積りや仮定です。具体的には，**〔記載の例示〕**のとおり，それらの不確実性の内容やその変動による影響などです。

この開示を行う際に注意したいのは，「会計方針を補足する情報を記載すること」が求められている点です。そのため，財務諸表の注記には記載されてい

ない事項について開示を追加する必要があります。財務諸表の注記事項と同じ内容を繰り返して記載するものではありません。

もちろん，「適正表示の枠組み」という考え方があるため，財務諸表に注記することが必要とされる情報について，財務諸表に注記せずに，記述情報によって代替することは認められません。「適正表示の枠組み」とは，財務報告の枠組みにおいて具体的に要求されている事項を遵守するだけではなく，必要な場合にはそれ以上の開示を行うことが認められている，財務諸表の作成と表示を指します（監査基準委員会報告書200「財務諸表監査における総括的な目的」第12項⒀）。例えば，有価証券報告書で開示する財務諸表は，財務諸表等規則や連結財務諸表規則に具体的に要求された事項のみならず，それ以上の情報についても必要に応じて追加情報として開示することが規定されています。よって，「適正表示の枠組み」として捉えることが適当です。

したがって，本来であれば見積開示会計基準に基づく注記として開示すべき内容について，財務諸表の注記事項としてではなく，重要な会計上の見積りや仮定に関する記述情報のみで代替することは許されません。そのような情報ではないものの，財務諸表の利用者の理解に役立つ内容について開示します。

⑷ 見積開示会計基準との相違

重要な会計上の見積りや仮定に関する記述情報の例示として，「当該見積り及び当該仮定の不確実性の内容」が挙げられていました。これが会計上の見積りに関する情報開示であることから，見積開示会計基準に基づく注記と同様の開示が求められていると勘違いするかもしれません。

しかし，その規定内容を注意深く検討すると，両者に違いがあることがわかります。特に，見積開示会計基準が求める乖離幅・現実味・時間軸の要素と比較することで，より違いが明確になります。この３つの要素ごとに，どのような違いがあるかについて，次に説明します。

①　乖離幅

重要な会計上の見積りや仮定に関する記述情報として開示する内容として，第二号様式の記載上の注意における「当該見積り及び当該仮定の不確実性の内容」という記載から，会計上の見積りや仮定に関する不確実性の内容について補足説明することが考えられます。ただし，これは例示であるため，必ずしも不確実性が高いものに限定されるものではありません。ここに，乖離幅の要素を満たす必要がある見積開示会計基準に基づく注記との違いが見出せます。

のれんの減損でいえば，例えば，のれんの残高は多額ではあるものの，当該のれんが帰属する事業や会社の業績が好調であり，また，当面は経営環境に著しい変化が見込まれないケースがあったとします。企業が置かれた状況が合理的な範囲で変化した場合であっても，多額の減損損失は計上されないと想定されるときには，のれんの評価にあたって，その見積りの不確実性は高くはないと考えられます。乖離幅の要素を満たさないことから，見積開示会計基準の「開示する項目」としては識別されません。

しかし，のれんの残高の金額的な重要性に照らして，記述情報として重要な会計上の見積りや仮定を補足説明することができます。見積開示会計基準に基づく注記に要求される現実味や時間軸の要素を満たしていない場合であっても，それが経営者の視点による開示の充実に沿うものであるならば，乖離幅という要素にのみ着目した開示が可能なのです。今，挙げたケースでいえば，のれんが多額であることを理由に，その評価を重要な会計上の見積りとして判断したならば，減損の兆候すらないことの説明が有用となる可能性もあります。

②　現実味

第二号様式の記載上の注意における「当該見積り及び当該仮定の不確実性の内容」という記載には，発生確率や蓋然性は明記されていません。ここに，重要な会計上の見積りや仮定に関する記述情報と，現実味の要素を満たす必要がある見積開示会計基準に基づく注記との違いが見出せます。

これについてわかりやすいのは，繰延税金資産の回収可能性を検討する際に，税制改正が予定されていないといった場合です。税制や税率について重要な変更が生じるというシナリオのもとでは，会計上の見積りにも重要な影響が及ぶこともあります。

しかし，そうした税制改正が議論されていないときには，そのシナリオに現実味がないため，見積開示会計基準の「開示する項目」としては識別されません。

一方で，重要な会計上の見積りや仮定に関する記述情報には，注意喚起を目的として，現実味が乏しいシナリオについても言及しておくことが経営者の視点による開示の充実に沿う場合に，それを開示することができます。

③　時間軸

第二号様式の記載上の注意における「当該見積り及び当該仮定の不確実性の内容やその変動により経営成績等に生じる影響」という記載には，見積りの不確実性の影響が生じる時間軸の限定は明記されていません。ここに，重要な会計上の見積りや仮定に関する記述情報と，時間軸の要素を満たす必要がある見積開示会計基準に基づく注記との違いが見出せます。

のれんの減損でいえば，例えば，当年度は減損の兆候すらなかったところ，翌年度にのれんが帰属する事業や会社の業績が想定以上に落ち込んだ場合には，翌々年度以降になってから一定金額以上の減損損失が計上されかねないケースがあったとします。こうしたケースでは，当年度末現在，少なくとも翌年度において減損損失が計上される懸念はありません。よって，時間軸の要素を満たさないことから，見積開示会計基準の「開示する項目」としては識別されません。

一方で，重要な会計上の見積りや仮定に関する記述情報には，長期のリスクを想定していることが経営者の視点による開示の充実に沿う場合に，それを開示することもできます。

以上の違いを踏まえると，重要な会計上の見積りや仮定に関する記述情報は，

図表4－1　重要な会計上の見積りの注記と記述情報との関係

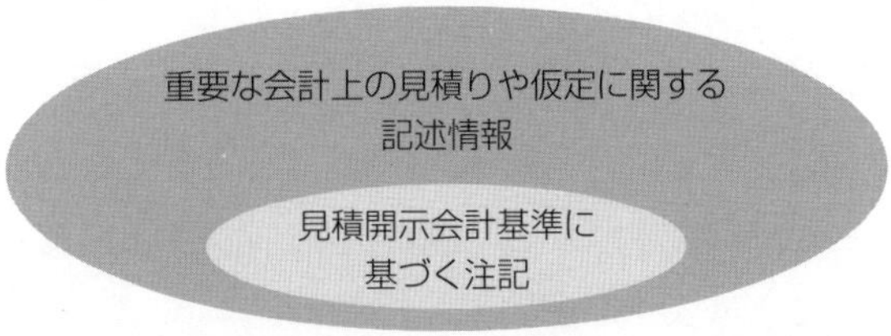

見積開示会計基準に基づく注記を包含する関係にあると考えられます。この関係は，**図表4－1**として示すことができます。

したがって，見積開示会計基準に基づく注記を補足する記述情報はあり得ても，記述情報の対象とならない事項が見積開示会計基準に基づく注記として開示されることは想定されないものと考えられます。こうした関係を前提とすると，重要な会計上の見積りや仮定に関する記述情報に記載する内容とは，乖離幅・現実味・時間軸の要素を満たさないものの経営者が重要であると考えている情報だといえます。例えば，のれんの減損でいうなら，グルーピングや，減損プロセスの各ステップの進捗度などです。これらの開示事例を次に紹介していきます。

02　重要な会計上の見積りや仮定に関する記述情報の開示

(1)　のれんの減損の判定単位（グルーピング）

①　記述情報としての開示が適切な理由

のれんの減損を判定する単位が変更される場合，減損損失の計上の要否やその金額に影響を与えるため，その情報は機関投資家にとって重要です。

減損会計基準等では，重要な減損損失を認識した場合に求められる注記事項の1つに，資産のグルーピングの方法がありました。ただし，当該注記の開示状況を踏まえると，のれんについて減損損失が計上されていながらも，のれんの減損を判定する単位まで説明している事例は多くはありません。

一方，見積開示会計基準では，注記する内容として，重要な会計上の見積りの算出方法が例示されています。この算出方法の説明にあたって，のれんの減損を判定する単位に言及している事例があります。しかしながら，そもそも算出方法の記載は必須ではなく，また，算出方法を記載する場合でも必ずしも判定単位に言及があるとは限りません。

これらに加えて，両者の最大の限界は，継続的な開示ではない点です。仮に，のれんの減損を判定する単位が変更された場合であっても，減損会計基準等や見積開示会計基準に基づく注記にその旨が記載されない限り，機関投資家はその事実を適時に把握することができません。そこで，記述情報による開示が活用できるのです。

②　海外事例からのヒント

のれんの減損を判定する単位を開示するにあたって，海外の開示事例を参考にできます。IFRS 会計基準を適用している場合，減損損失の計上の有無にかかわらず，減損に関する注記が求められるため，その中で減損の判定単位の変更について説明されることがあるからです。

IFRS 会計基準における減損の判定単位は，CGU（Cash generating units：資金生成単位）と呼ばれます。CGU とは，他の資産または資産グループからのキャッシュ・インフローとは概ね独立したキャッシュ・インフローを生成する最小の識別可能な資産グループです（IAS 第36号「資産の減損」第６項）。このCGU を変更した開示が，有価証券報告書の重要な会計上の見積りに関する記述情報において資産のグルーピングを記載する際のヒントになります。英国企業の中には，のれんの減損の判定単位について，**開示事例４－１**のような開示があります。

開示事例4－1　のれんのCGUの変更を注記した注記事項

（略）当社グループが直近にCGUの構成を見直したのは，2018年でした。経営者の監督と責任に関する最近の変更を含め，現在のグループの構造をより適切に反映するために，減損テストを目的としたCGUへののれんの配分について，2020年の減損テストの実施にあたって更新しました。その結果，2020年にはのれんを配分したCGUは7つでした（2019年は11つ）。CGUの数の変更は，のれんの減損テストにあたって，英国およびアイルランドの5つのCGUを1つに統合したためです。これは，経営責任者の交代や，ビジネスエリア全体でのシナジー効果を追求するためにサービスの集中化とリソースの共有化を進めていることを反映したものです。CGUの構成を変更したことによって潜在的な減損が回避されていないことを確認するために，2020年に従来のCGUに基づく減損テストも実施しました。従来のCGUと見直されたCGUの両方を用いた減損テストを行った結果，グループ内でのれんの帳簿価額に減損は特定されませんでした。ただし，上述のとおり中国におけるセーフティ事業の閉鎖に明確に関連している1,210万ポンドののれんの減損を除きます。（以下，略）

（出所）バンズル社（Bunzl plc）の“Annual Report 2020”における連結財務諸表の注記事項“II Intangible assets”（P. 169）から一部抜粋（筆者仮訳）。

③　日本企業による記述情報の開示事例

日本企業の中にも，重要な会計上の見積りや仮定に関する記述情報において，**開示事例4－2**のように，のれんの減損を判定する単位の変更について説明している事例があります。

開示事例４－２　のれんの減損を判定する単位の変更に関する記述情報

①のれん及び顧客関連資産
（略）
（グルーピングの変更）
当連結会計年度においては，いずれも過去の企業結合によりのれんを発生させたALSOK介護株式会社，株式会社HCM及びALSOKあんしんケアサポート株式会社の介護事業部門を統合しております。この統合は，従前から相互に依存・互換する関係にあった３社の事業を一体化することを通じ，更なる経営基盤強化を目的としたものであることから，統合を契機として３社ののれんを合算し，より大きな単位で資産のグルーピングを行っております。

（出所）　綜合警備保障㈱（日本基準），2021年３月期の有価証券報告書における「３【経営者による財政状態，経営成績及びキャッシュ・フローの状況の分析】⑵経営者の視点による経営成績等の状況に関する分析・検討内容　イ　重要な会計方針及び見積り」からの一部抜粋。

また，のれんの減損を判定する単位に変更がない場合であっても，当該単位について，重要な会計上の見積りや仮定に関する記述情報として開示している事例もあります。**開示事例４－３**がこれに該当します。

開示事例４－３　のれんの減損を判定する単位に関する記述情報

のれん・無形資産の減損
当行は，のれん（以下，持分法投資に含まれるのれん相当額を含む。）及び無形資産についてその効果が及ぶ期間（20年以内）での償却を行い，四半期毎に減損の兆候の有無を確認しております。
減損の兆候が認められた場合，減損損失の認識の判定は，原則としてのれん及び無形資産の帰属する会社又は事業の単位でグルーピングし，その事業から生じる割引前の将来のキャッシュ・フローを見積り，その総額がのれん及び無形資産を含む当該事業に係る連結簿価より低い場合に，減損損失が生じているものとしております。このとき，将来キャッシュ・フローを見積る期間はのれん及び無形資産の残存償却年数か20年のいずれか短い方を採用しております。
（以下，略）

（出所）㈱新生銀行（日本基準），2021年３月期の有価証券報告書における「３【経営者による財政状態，経営成績及びキャッシュ・フローの状況の分析】　４．重要な会計上の見積り及び当該見積りに用いた仮定」からの一部抜粋。

(2)　減損の兆候に関する記述情報

のれんに関する継続的な開示コミュニケーションを実践するために，減損プロセスの各ステップの進行度を記載する方法が考えられます。このとき，減損損失を認識することはないとだけ説明した開示があります。しかし，のれんの減損損失が計上されていないことは，財務諸表を見れば理解できます。その結果だけを，記述情報で補足説明する意味はありません。

したがって，減損プロセスの各ステップに照らして，のれんの評価がどのような状況にあるのかを説明する開示が考えられます。ステップ１に関して，減損の兆候があったのか，なかったのかの違いは，見積りの不確実性を理解するうえで重要な情報です。あるのれんについて減損の兆候がない場合には，当該のれんの減損を懸念する必要がないからです。

実際，重要な会計上の見積りや仮定に関する記述情報において，のれんに減損の兆候がなかったことを説明している事例があります。具体的には，**開示事例４－４**，**開示事例４－５**，**開示事例４－６**に掲げたとおりです。

開示事例４－４　減損の兆候が全くないとする記述情報

②　営業権（のれん）
2017年４月の眞保炉材工業株式会社の連結子会社化に伴い，期末において240百万円の営業権（のれん）を計上しております。同社の業績動向等を踏まえて将来の見積りを行っており，期末時点において減損の兆候等は全くないものと判断しております。なお，この営業権については，子会社化以降現在まで計画通りの償却を進めてきております。

（出所） 日本坩堝㈱（日本基準），2021年３月期の有価証券報告書における「３【経営者による財政状態，経営成績及びキャッシュ・フローの状況の分析】 ⑷重要な会計上の見積り」からの抜粋。

開示事例４－５　減損の兆候がないと判断した過程を説明した記述情報

> ①　固定資産の減損
>
> （略）なお，当社グループの無形固定資産のうち主なものは株式会社ポテトかいつかを取得したことにより発生したのれんであり，同社の事業は当連結会計年度において営業損益（のれん償却額を含む。以下同じ。）が赤字であるものの，翌連結会計年度において主に販売量及び仕入量の増加により営業損益の見込みが黒字となることから減損の兆候は認められないと判断しております。

（出所） カルビー㈱（日本基準），2021年３月期の有価証券報告書における「３【経営者による財政状態，経営成績及びキャッシュ・フローの状況の分析】 ⑷重要な会計方針及び見積り」からの一部抜粋。

開示事例４－６　減損の兆候の判定と結果を説明した記述情報

> 〔のれんの減損及び子会社株式の評価〕
>
> 当連結会計年度末ののれん残高は16,981百万円であります。主なものは2016年12月に買収したMACTAC AMERICAS, LLCにおいて16,826百万円の残高を計上しており，同社は，米国におけるTopic 350「無形資産―のれん及びその他」を適用し，のれんを10年間の定額法で償却しています。また，年４回（四半期決算期末）減損の兆候の判定をおこなっております。
>
> 減損の兆候の判定には，将来の事業計画，米国経済や同社製品の市場の動向，事業戦略の見直しなどを判断材料としており，これらの判断材料が大きく変化した場合，のれんの減損損失を認識する可能性があります。
>
> 当連結会計年度における減損の兆候を判定した結果，減損の兆候はなく，のれんの減損損失を認識することはありませんでした。（以下，略）

（出所） リンテック㈱（日本基準），2021年３月期の有価証券報告書における「３【経営者による財政状態，経営成績及びキャッシュ・フローの状況の分析】 ⑷重要な会計上の見積り及び当該見積りに用いた仮定」からの一部抜粋。

(3)　減損損失の認識に関する記述情報

のれんに減損の兆候がある場合には，減損プロセスのステップ2に進みます。ここでは，のれんを含む，より大きな単位について減損損失を認識するかどうかを判定します。

のれんに減損損失が計上されたかどうかを問わず，継続的な開示コミュニケーションとしては，のれんを含む，より大きな単位の帳簿価額よりも，割引前将来キャッシュ・フローの総額のほうが上回っていることを示す記載が考えられます。重要な会計上の見積りや仮定に関する記述情報にそのような記載を行っている事例として，**開示事例4－7**が挙げられます。

開示事例4－7　使用価値が帳簿価額を超過していると説明した事例

②　のれん，商標権及びその他の無形固定資産

当社グループでは，耐用年数が確定できない商標権については，毎期減損の判定を行っており，それ以外ののれん，商標権及びその他の無形固定資産については，減損の兆候が発生した場合に減損の判定を行っています。……（略）……。2020年度は新型コロナウイルスの感染拡大の影響により，売上高及び営業利益の実績が計画に未達または不確実な状況になっていることから，一部ののれん，商標権及びその他の無形固定資産について減損の兆候を認識し，減損判定を行いましたが，いずれの場合においても公正価値・使用価値は帳簿価額を超過していたため，のれん，商標権及びその他の無形資産の減損損失を認識することはありませんでした。（以下，略）

（出所）㈱資生堂（日本基準），2020年12月期の有価証券報告書における「3【経営者による財政状態，経営成績及びキャッシュ・フローの状況の分析】　⑷重要な会計方針及び見積り」からの一部抜粋。

海外の会計基準を適用している企業においても，**開示事例4－8**や**開示事例4－9**のように，重要な会計上の見積りや仮定に関する記述情報で，同じ趣旨の開示を行っている事例があります。

開示事例 4－8　公正価値が帳簿価額を超過していると説明した事例（米国基準）

①　のれん評価

当社は，のれんの評価について，のれんの償却は行わず，少なくとも年に1回又は減損の兆候が識別された場合に減損テストを実施しています。

IABにおいて取得した事業ののれんについては取得した事業が“i-Automation”戦略と一体となってシナジー効果が創出されることから，シナジー効果の享受が期待される，検査装置事業を除いたIABをのれんの報告単位として決定しています。

HCBにおいて，NS Industria de Aparelhos Medicos Ltda.の株式取得により識別したのれんについては，事業買収によるシナジー効果の享受が期待されるHCBの南米地域事業を報告単位として決定しています。（略）

当年度の減損判定において，のれんを持つすべての報告単位の公正価値が帳簿価格を超過していたため，のれんの減損損失は認識しておりません。

（出所）　オムロン㈱（米国基準），2021年3月期の有価証券報告書における「3【経営者による財政状態，経営成績及びキャッシュ・フローの状況の分析】 ⑶重要な会計上の見積り及び当該見積りに用いた仮定」からの一部抜粋。

開示事例 4－9　回収可能価額が帳簿価額を超過していると説明した事例（IFRS基準）

（のれんおよび識別された無形資産，および有形固定資産の減損）

（略）のれんおよび識別された無形資産，および有形固定資産の減損テストでは，回収可能価額を合理的に見積り帳簿価額と回収可能価額の比較を行います。資産，資金生成単位または資金生成単位グループの回収可能価額は，使用価値と処分費用控除後の公正価値のうちいずれか高い方の金額で算定しております。（略）

当連結会計年度においては，のれんおよび識別された無形資産については回収可能価額が帳簿価額を超えているため減損損失の認識を行いませんでした。

（以下，略）

（出所）　スミダコーポレーション㈱（IFRS 基準），2020年12月期の有価証券報告書における「３【経営者による財政状態，経営成績及びキャッシュ・フローの状況の分析】（2)重要な判断を要する会計方針および見積り」からの一部抜粋。

のれんを含む，より大きな単位の帳簿価額よりも，割引前将来キャッシュ・フローの総額のほうが上回っていることを示す際に，どの程度上回っているか，すなわち，減損損失の計上に至るまでの余裕度を示すことができれば，より有益な情報を開示することができます。**開示事例４－10**では，定性的な説明ではあるものの，その余裕度について「十分に超過」「他の報告単位と比べて低く」と開示されています。

開示事例４－10　公正価値が帳簿価額を超過する割合が定性的に説明された記述情報（米国基準）

ｅ．のれん及びその他の無形固定資産

のれん及び耐用年数が確定できないその他の無形固定資産は償却を行わず，代わりに毎年第４四半期に，または潜在的な減損の兆候があればより頻繁に減損テストを行っております。全てののれんは，企業結合のシナジー効果から便益を享受する報告単位に配分されます。報告単位の公正価値が，当該報告単位に割り当てられた帳簿価額を下回る場合には，当該差額をその報告単位に配分されたのれんの帳簿価額を限度とし，のれんの減損損失として認識しております。……（略）……2019年第４四半期及び2020年第４四半期に行った減損テストの結果，個々の報告単位の公正価値は帳簿価額を十分に超過しており，減損が見込まれる報告単位はありません。しかし，メディカルシステムビジネスユニットに帰属するのれんについては，公正価値が帳簿価格を超過する割合が他の報告単位と比べて低くなっており，将来キャッシュ・フローが想定よりも減少した場合，減損損失を認識する可能性があります。なお，当該事業に帰属するのれんの帳簿価額は506,513百万円となっております。（以下，略）

（出所） キヤノン㈱（米国基準），2020年12月期の有価証券報告書における「３【経営者による財政状態，経営成績及びキャッシュ・フローの状況の分析】 ⑵経営者の視点による経営成績等の状況に関する分析・検討内容　②重要な会計方針及び見積り」からの一部抜粋。

また，減損損失の計上に至るまでの余裕度について，具体的な割合を示す方法も考えられます。**開示事例４－11**では，「10％以上超過」と余裕度が定量的に説明されています。

開示事例４－11　公正価値が帳簿価額を超過する割合が比率で説明された記述情報（米国基準）

営業権及びその他の無形固定資産

営業権及び耐用年数が確定できない非償却性無形固定資産は，年１回第４四半期及び減損の可能性を示す事象又は状況の変化が生じた時点で減損の判定を行います。事象又は状況の変化とは，設定された事業計画の下方修正や実績見込みの大幅な変更，あるいは外的な市場や産業固有の変動などで，それらはマネジメントにより定期的に見直されています。

2020年度第４四半期において，ソニーは営業権の定性的評価を行わず，報告単位の公正価値とその報告単位の営業権を含む帳簿価額の比較による定量的手続を行いました。報告単位とは，ソニーの場合，オペレーティング・セグメントあるいはその一段階下のレベルを指します。報告単位の公正価値がその帳簿価額を上回る場合，その報告単位の営業権について減損損失は認識されません。報告単位の帳簿価額がその公正価値を上回る場合には，報告単位に配分された営業権の総額を超えない範囲で，その超過分を減損損失として認識します。耐用年数が確定できない非償却性無形固定資産の減損判定では，公正価値と帳簿価額を比較し，帳簿価額がその公正価値を超過する場合には，その超過分を減損損失として認識します。……（略）……

2020年度の減損判定において，営業権を持つ全ての報告単位の公正価値が帳簿価額を超過していたため，営業権の減損損失を認識することはありませんでした。また，重要な営業権を持つ報告単位において公正価値は帳簿価額を少なくとも10%以上超過しています。耐用年数の確定できない非償却性資産においても，公正価値が帳簿価額を超過していたため，減損損失を認識することはありませんでした。（以下，略）

（出所）ソニーグループ㈱（米国基準），2021年3月期の有価証券報告書における「3【経営者による財政状態，経営成績及びキャッシュ・フローの状況の分析】（1)最重要な会計方針及び見積り」からの一部抜粋。

さらに，減損損失の計上に至るまでの余裕度について，金額を示す方法も考えられます。**開示事例4－12**は，IFRS会計基準を採用している企業の連結財務諸表における注記事項ではあるものの，重要な会計上の見積りや仮定に関する記述情報における記載として参考にできます。

開示事例4－12　公正価値が帳簿価額を超過する割合が金額で説明された記述情報（IFRS基準）

(3)　のれん及びその他無形資産の減損テスト

当社は，のれん及び耐用年数を確定できない無形資産について，少なくとも年1回減損テストを行っており，さらに，減損の兆候がある場合には，その都度，減損テストを行っております。重要なのれん及びその他無形資産の減損テストの前提は次のとおりであります。

Fyffes社

のれん及び耐用年数を確定できない無形資産の減損テストは，複数の資金生成単位に分けて実施しており，回収可能価額は使用価値に基づき算定しております。……（略）……

バナナ＆パイン事業及びマッシュルーム事業においては，当期末の減損判定に用いた使用価値は帳簿価額をバナナ＆パイン事業で10,559百万円，マッシュルーム事業で8,349百万円上回っておりますが，仮に割引率がバナナ＆パイン事業では0.5%，マッシュルーム事業では1.3%上昇した場合，それぞれ減損損失が発生します。なお，マッシュルーム事業は，前期末において1,953百万円の減損損失を生活・不動産事業部門にて認識しております。

（出所） 住友商事㈱（IFRS），2020年３月期の有価証券報告書における連結財務諸表注記　13無形資産」からの一部抜粋。

このほか，のれんについて金額的に重要なものとそうではないものとを区別したうえで，減損判定の状況を説明する方法も考えられます。多額に計上されているのれんは帳簿価額と会計上の見積りによる評価額とが大きく乖離する可能性があるため，見積りの不確実性が高いのれんに重点を置いた説明によって，機関投資家の期待に応えるのです。

一方，少額ののれんについては，仮に減損損失を計上する事態になったとしても，財政状態や経営成績に与える影響は大きくはなりません。よって，相応の説明で十分と考えることもできます。重要度に応じた濃淡のつく開示が可能となります。

そのような説明を行っている開示に，**開示事例４-13**があります。

開示事例４-13　のれんの金額的な重要性に応じて説明した記述情報

(c)　営業権及び非償却対象の無形固定資産の減損

（略）

当社グループは，企業結合により認識した営業権及び非償却対象の無形固定資産については，年１回主に３月31日時点で，また，減損の可能性を示す事象または状況が生じた場合にはその時点で，減損テストを実施しています。営業権の減損テストは，事業セグメントまたはそれより一段低いレベルの報告単位毎に，二段階の手続きによって実施しています。減損テストの第一段階では，報告単位の公正価値と営業権を含む簿価とを比較しています。報告単位の公正価値は，主に割引キャッシュ・フロー法を用いて算定しています。報告単位の簿価が公正価値を上回る場合には，減損額を測定するため，第二段階の手続きを行っています。第二段階では，その報告単位の営業権の簿価と営業権の公正価値を比較し，簿価が公正価値を上回っている金額を減損として認識します。

また，非償却対象の無形固定資産の減損テストに関しては，非償却対象の無形固定資産の公正価値と簿価を比較し，簿価が公正価値を上回る場合には減損損失が計上されます。公正価値の算定において，営業権及び非償却対象の無形固定資産について対象となる報告単位の事業計画などに基づき，当該報告単位の生み出す将来キャッシュ・フローを見積っています。将来キャッシュ・フローの割引現在価値を算定する際に，異なる見積りや前提条件が用いられた場合，営業権の評価も異なったものとなる可能性があり，それにより将来追加的な減損処理が必要となる可能性があります。

当連結会計年度末及び前連結会計年度末において報告単位である国内通信事業は，1,273億円の金額的に最も重要な営業権を有しており，通信事業セグメントに含まれています。当該報告単位の公正価値は，減損テストの第一段階の手続において，十分に簿価を超過していると判定されています。また，当連結会計年度末及び前連結会計年度末において，その他の報告単位が有する残りの営業権の公正価値も，簿価を十分に超過しているか，またはその簿価に重要性がないと考えています。報告単位の公正価値は，主に将来の事業計画に基づいた割引キャッシュ・フロー法により見積もられ，その計画は過去実績や最新の中長期的な見通しを基に作成されていますが，現時点で予期しない事象により将来の営業利益が著しく減少した場合，当該報告単位の予測公正価値に不利な影響を及ぼすことがあります。（以下，略）

（出所）㈱NTT ドコモ（米国基準），2018年3月期の有価証券報告書における「3【経営者による財政状態，経営成績及びキャッシュ・フローの状況の分析】(3)最重要な会計方針及び見積り」からの一部抜粋。

03　事業等のリスクに関する記述情報

(1)　事業等のリスクの充実が図られた背景

2019年1月31日付で改正された「企業内容等の開示に関する内閣府令」では，

事業等のリスクに関する記載の充実も図られています。この改正以前も，リスク情報に関する開示について，事業の状況，経理の状況等に関する事項のうち，投資家の判断に重要な影響を及ぼす可能性のある事項を一括して具体的に，わかりやすく，かつ，簡潔に記載することが求められていました。

しかし，「金融審議会ディスクロージャーワーキング・グループ報告―資本市場における好循環の実現に向けて―」の中では，当時の日本企業のリスク情報に関する開示について，全体としてみると，次の点があると指摘されました。

－一般的なリスクの羅列となっている

－外部環境が変化していると説明していながらも，事業等のリスクの記載に変化がない

－経営戦略やMD&Aとリスクの関係が明確ではないため，投資判断に影響を与えるリスクが読み取りにくい

そこで，経営者視点からみたリスクの重要度の順に，発生可能性や時期・事業に与える影響・リスクへの対応策等を含め，企業固有の事情に応じたより実効的なリスク情報の開示を促していく必要があると提言されました。この提言に基づき改正された「企業内容等の開示に関する内閣府令」によって，第二号様式の記載上の注意に，次の規定が定められました。

⑶1 **事業等のリスク**

ａ　届出書に記載した事業の状況，経理の状況等に関する事項のうち，経営者が連結会社の財政状態，経営成績及びキャッシュ・フロー（以下ａ及び⑶2において「経営成績等」という。）の状況に重要な影響を与える可能性があると認識している主要なリスク（連結会社の経営成績等の状況の異常な変動，特定の取引先・製品・技術等への依存，特有の法的規制・取引慣行・経営方針，重要な訴訟事件等の発生，役員・大株主・関係会社等に関する重要事項等，投資者の判断に重要な影響を及ぼす可能性のある事項をいう。以下ａにおいて同じ。）について，当該リスクが顕在化する可能性の程度や時期，当該リスクが顕在化した場合に連結会社の経営成績等の状況に与える影響の内容，当該リスクへの対応策を記載するなど，具体的に記載すること。記載に当たっては，リスクの重要性や経営方針・経営戦略等との関連性の程度を考慮して，分かりやすく記

載すること。

この規定に基づくと，記載すべき事業等のリスクの対象や例示は，次のとおりです。

〔記載の対象〕　届出書（注：有価証券報告書も同様）に記載した事業の状況，経理の状況等に関する事項のうち，経営者が連結会社の財政状態，経営成績およびキャッシュ・フローの状況に重要な影響を与える可能性があると認識している主要なリスク

〔記載の例示〕　当該リスクが顕在化する可能性の程度や時期，当該リスクが顕在化した場合に連結会社の経営成績等の状況に与える影響の内容，当該リスクへの対応策を記載するなど

企業買収で生じたのれんが，経理の状況における連結財務諸表に多額に計上されている場合，経営者はその減損損失の計上によって財政状態，経営成績およびキャッシュ・フローの状況に重要な影響を与える可能性があると認識する場合，当該のれんの減損は主要なリスクに該当するものと考えられます。したがって，事業等のリスクに記載する対象に合致します。そのため，のれんの減損リスクについて具体的に記載しなければなりません。そこで記載する内容は，〔記載の例示〕を参考にしながら，各社で決定します。

このとき，のれんの減損リスクへの対応策を開示している事例があります。開示された内容から，その企業におけるリスクマネジメントの状況が理解できることがあります。その対応策は，大きく，企業買収の実行時と実行後という２つの局面で整理できます。

(2)　買収実行時の対応策に関する記述情報

企業買収は，経営戦略の一環として実施されます。その目的が，自社グループの企業価値の向上にあるからです。

上場企業が経営戦略を策定するにあたっては，コーポレートガバナンス・

コードに基づき，資本コストの的確な把握や資本効率等の目標の提示が求められています。

> **コーポレートガバナンス・コード**
> 【原則５－２．経営戦略や経営計画の策定・公表】
> 　経営戦略や経営計画の策定・公表に当たっては，自社の資本コストを的確に把握した上で，収益計画や資本政策の基本的な方針を示すとともに，収益力・資本効率等に関する目標を提示し，その実現のために，事業ポートフォリオの見直しや，設備投資・研究開発投資・人的資本への投資等を含む経営資源の配分等に関し具体的に何を実行するのかについて，株主に分かりやすい言葉・論理で明確に説明を行うべきである。

一方，機関投資家に対しては，「投資家と企業の対話ガイドライン」において，資本コストを意識した経営が行われていることについて企業と重点的に議論することが期待されています。

> **投資家と企業の対話ガイドライン**
> **１．経営環境の変化に対応した経営判断**
> １－２．経営陣が，自社の事業のリスクなどを適切に反映した資本コストを的確に把握しているか。その上で，持続的な成長と中長期的な企業価値の向上に向けて，収益力・資本効率等に関する目標を設定し，資本コストを意識した経営が行われているか。また，こうした目標を設定した理由が分かりやすく説明されているか。中長期的に資本コストに見合うリターンを上げているか。

したがって，企業買収が経営戦略の一環として行われる以上，資本コストをはじめとした資本効率を意識することが求められます。すなわち，買収した価格に対して，いくらのリターンを挙げられるかについて，企業買収を実行する前に議論する必要があるのです。このリターンは，上場企業であれば，資本コストを意識すると，具体的な割合として設定されるものと考えられます。適切なリスクテイクを除き，投下した資本だけを回収できればよい，という水準で企業買収が実行されることはないでしょう。そこで，資本効率を判断するために，一定のハードルレートが設定されると考えられます。このハードルレートを超えられるかどうかの検討が，企業買収の実行時における，のれんの減損リスクへの対応策の１つです。

のれんの減損に関する継続的な開示コミュニケーションとして，こうしたハードルレートの設定について説明する方法が挙げられます。事業等のリスクに関する記述情報として，それを開示するのです。**開示事例４-14**のように，資本コストを意識していると開示した事例があります。

開示事例４-14　買収実行時に資本コストを意識した記述情報

n．企業買収や資本業務提携により生じるのれんおよび無形資産等は，多額の減損損失を計上し，当社グループの業績に重大な影響を及ぼす可能性があります。

有形固定資産，のれんおよび無形資産については，減損の兆候が存在する場合に，減損テストを行っております。のれんについては，減損の兆候が存在する場合のほか，年次で減損テストを行っております。……（略）……

当社グループは，リスクを軽減するため，M&A等の事業取得に際しては，資本コストを意識した回収可能性を十分に考慮したうえで投資判断を行っています。また，M&A後に，戦略・販売網・管理体制・従業員意識・情報システム等を有機的に機能させるため，Post Merger Integration（PMI）計画を遂行し，シナジー効果の早期実現を目指しています。

（出所）㈱アドバンテスト（IFRS基準），2021年３月期の有価証券報告書における「２【事業等のリスク】　⑵事業等のリスク」からの一部抜粋。なお，下線は筆者が付した。

また，ハードルレートとして設定する指標は，何も資本コストに限られません。企業買収の実行時における，のれんの減損リスクへの対応策として有効であるならば，その他の指標によることもできます。**開示事例４-15**のように，ROIを設定していると開示した事例もあります。

開示事例 4-15　買収実行時に ROI によって評価している記述情報

⑵　出資・M&A に関するリスク

[リスクの内容と顕在化した際の影響]

（略）しかしながら，特に海外の出資先において法的規制，税制，商習慣の相違，労使関係，各国の政治・経済動向等の要因により，当社グループの適切なコントロールが及ばず事業運営を円滑に行うことが困難となった場合や出資先に対し当社グループとのシナジー効果を十分に発揮できず売上や利益が想定を大きく下回るなど，期待したリターンが得られなかった場合，のれん等の減損処理を行うなど，当社グループの経営成績及び財務状況に大きな影響を及ぼす可能性があり，特に重要なリスクであると認識しています。

[リスクへの対応策]

M&A の意思決定時には，投下資本利益率（ROI）等の指標を用いた投資対効果の評価や，第三者評価による財務健全性の評価等を判断要素としています。（以下，略）

（出所）㈱エヌ・ティ・ティ・データ（IFRS 基準），2021年 3 月期の有価証券報告書における「2【事業等のリスク】［個別のリスク］（特に重要なリスク）」からの一部抜粋。なお，下線は筆者が付した。

このほか，ハードルレートについて，複数の指標を設けたり，独自の社内基準を設けたりとする場合もあります。**開示事例 4-16**は，そのようなリスクマネジメントについて開示した事例です。

開示事例 4-16　買収実行時に独自の社内基準を用いている記述情報

③　投資等に係るリスクについて

当社及び連結子会社は，単独又は他社と共同で新会社の設立や既存会社の買収等の事業活動を行っております。これら事業投資の多くは多額の資本を必要とし，当社及び連結子会社が希望する時期や方法で撤退できない可能性や，追加資金拠出を余儀なくされる可能性があります。

投資等に係るリスクの未然防止のため，当社及び連結子会社は，新規投資等の実施に際して，IRR，回収期間，及びリスク調整後税引後利益であるPATRAC（＊）等の社内で定められた投資基準に基づき，リスクに見合うリターンが得られているかの定量面・定性面の検証を含めたリスク管理を徹底しておりますが，これら投資等の価値が低下した場合，あるいは追加資金拠出が必要になる場合には，当社及び連結子会社の業績及び財政状態に悪影響を及ぼす可能性があります。

（＊）　PATRAC：Profit After Tax less Risk Asset Cost の略。リターンがリスクに対する最低限のリターン目標を上回っているかを計る，当社独自の経営指標。以下の計算式に基づき算出する。
PATRAC＝税引後利益－リスクアセット（＝必要株主資本）×10%（※）
（※）　資本コストをベースとするハードルレート

（出所）　丸紅㈱（IFRS 基準），2021年3月期の有価証券報告書における「2【事業等のリスク】(2)個別のリスクについて」からの抜粋。なお，下線は筆者が付した。

こうしたハードルレートがあらかじめ設定されていない場合，案件の個別事情に振り回される結果，企業買収によって生じるのれんの減損リスクを不用意に高めかねません。期待するリターンを超えない限りは企業買収が実行されない仕組みを整備することが，企業買収の実行時における，のれんの減損リスクへの対応策として有効です。例えば，リターンが期待収益率を上回っているかどうかを評価していると開示した事例として，**開示事例4-17**が挙げられます。

開示事例4-17　買収実行時に期待収益率を意識した記述情報

⑤　事業投資リスク

当社は，株式・持分を取得して当該企業の経営に参画し，商権の拡大やキャピタル・ゲイン獲得などを目指す事業投資活動を行っていますが，この事業投資に関連して投下資金の回収不能，撤退の場合に追加損失が発生するリスク，及び計画した利益が上がらないなどのリスクを負っています。事業投資リスクの管理については，新規の事業投資を行う場合には，投資の意義・目的を明確にした上で，投資のリスクを定量的に把握し，事業特性を踏まえて決定した投下資金に対する利回りが，期待収益率を上回っているか否かを評価し，選別を行っています。投資実行後は，事業投資先ごとに，毎年定期的に「経営計画書」を策定しており，投資目的の確実な達成のための管理を行う一方，計画した収益を上げていない先については，持分売却・清算による撤退を含め，保有方針を明確にすることで，効率的な資産の入替を行っています。
しかしながら，このような投資評価の段階での案件の選別，投資実行後の管理を厳格に行っていますが，期待する利益が上がらないというリスクを完全に回避することは困難であり，事業環境の変化や案件からの撤退等に伴い，当社の業績は影響を受ける可能性があります。（以下，略）

（出所） 三菱商事㈱（IFRS 基準），2021年３月期の有価証券報告書における「２【事業等のリスク】」からの一部抜粋。なお，下線は筆者が付した。

(3) 買収実行後の対応策に関する記述情報

のれんの減損リスクへの対応策に，企業買収を実行した後にもハードルレートを上回っているリターンが得られているかどうかの検証が挙げられます。ここでは，減損会計でいう営業損益が赤字かどうかではなく，自社で期待するリターンが得られているかどうかに焦点が当てられます。

この検証にあたって，買収実行時に設定したハードルレートについて，買収実行後に達成しているかどうかをモニタリングする必要があります。2020年７月に経済産業省が公表した「事業再編実務指針～事業ポートフォリオと組織の変革に向けて～」の「【参考資料2.1.3：事業撤退・売却のための基準（企業アンケート結果)】」には，「ある事業において，少なくとも資本コストを上回る収益を継続的，構造的に上げられなくなった場合には，自社で抱えた状態では当該事業は持続可能性を失っているということであるため，当該事業が傷む前に，例えばPL 上は黒字であっても資本収益性（ROIC 等）が当該事業の資本コスト（ハードルレート）を下回り，回復が難しいと見込まれる段階（又はハードルレートに対して優位性を持続するのが難しいと判断した段階）で売却する決断を行うことが望ましい」と指摘されています。

こうした事後のモニタリングについて，事業等のリスクに関する記述情報として開示することが考えられます。これを通じて，のれんが帰属する事業が持続可能性を失っていないことを説明するのです。**開示事例4－18**では，買収実行時に設定したハードルレートや資本コストがその後も引き続き達成できているかどうかをモニタリングしていることが開示されています。なお，ハードルレートは自社で設定する水準であるため，資本コストを下回ることはありません。

開示事例4－18　買収実行後にハードルレートの達成をモニタリングしている記述情報

5）他社との協業，企業買収等について		
発生可能性：中	発生する可能性のある時期：特定時期なし	影響度：中

・リスク

当社グループは，事業競争力の強化あるいは効率化の観点から，資本提携・企業買収等，他社との協業を進めております。

企業買収等に伴い，のれん及び無形資産を計上しており，定期的に減損テストを実施しております。事業環境の変化に伴い，買収対象会社に係る将来キャッシュ・フローの低下が見込まれた場合等には，減損損失を認識する可能性があり，当社グループの経営成績及び財政状況に悪影響を及ぼす可能性があります。

・対　応

当社グループでは，他社との協業・企業買収に際しては，当社との戦略的適合性，計画の蓋然性，投資額の妥当性，リスク対応等の観点から投資評価を行った上で，投資の可否を見極めております。具体的には，投資回収期間及び投資額等の妥当性判断のため，投下資本に対する期待収益指標として事業別のハードルレート及び中期経営計画毎の全社加重平均資本コストを基準の一つとして設定しております。

また，投資実施後のモニタリングとして定期的に投資レビューを実施し，上記の加重平均資本コスト及びハードルレートの達成状況に加え，収益性，市場成長等の観点から投資案件毎の当社企業価値への貢献状況を見極め，投資時点の計画からの変化に対しても迅速に対策を講じるようにしております。

（出所） コニカミノルタ㈱（IFRS 基準），2021年３月期の有価証券報告書における「２【事業等のリスク】 ⑶事業等のリスク ②事業活動に関するリスク」からの抜粋。なお，下線は筆者が付した。

また，ハードルレートを下回った場合に，どのような状況に該当した場合に投下した資本を回収するかという撤退基準を設けるリスク対応策もあります。経済産業省による「事業再編実務指針～事業ポートフォリオと組織の変革に向けて～」の「1.1.3日本企業において事業の切出しが進みにくい背景・要因」には，「経済産業省が実施した企業アンケート結果においても，事業撤退・売却を進める上での課題として，事業撤退・売却の基準がない，検討プロセスが明確になっていない，規模が縮小することへの抵抗感等が挙げられている」と指摘されています。そのような中，例えば，**開示事例４-19**では，買収実行後のモニタリングにおいて撤退基準への抵触の有無が確認されていると開示されています。つまり，撤退基準が整備され，かつ，運用も行われているのです。

開示事例４-19 買収実行後のモニタリングで撤退基準も確認している記述情報

ア．経営戦略リスク（No.１～12）

ａ．リスクの概要と評価

（略）短期的なリスクとしては，デジタル関連等の異業種からの新規参入やデジタル技術進展への対応不十分により競争力・収益基盤が劣化・毀損するリスク，各国間の産業競争の激化などにより事業機会を制約されるリスク，気候変動により想定を超える風水災損害が発生するリスク，ESG 取組が不十分とみられることや，風評がマスコミ報道・インターネット上の記事等に流布された場合にブランド価値が毀損するリスクなどにより，当社グループの収益力が低下する可能性があります。
　長期的なリスクとしては，シェアリング経済の拡大や少子・高齢化等を背景としたマーケット規模の縮小や技術革新に伴う事故の減少による保険ニーズの減少等が当社グループの経営成績等に影響を及ぼす可能性があります。

b．対応策の状況
　（略）デジタル戦略・M&A や大規模システム開発等の大規模投資は取締役会等で妥当性を十分議論して実行しておりますが，環境変化や想定を超える困難などのために期待した成果が得られない可能性があるため，実行後も定期的に所定の基準に基づいて妥当性が失われていないことおよび撤退基準に抵触していないことを確認しております。（以下，略）

（出所）　SOMPO ホールディングス㈱（日本基準），2021年３月期の有価証券報告書における「２【事業等のリスク】 ⑵主要なリスク　②重大リスクの分類ごとのリスクの概要と評価，対応策の状況」からの一部抜粋。なお，見出し以外の下線は筆者が付した。

このほか，**開示事例４-20**のように，買収実行後のモニタリングについて，実施頻度や報告先などを明記した事例もあります。

開示事例４-20　買収実行後のモニタリングを具体的に記載している記述情報

主要リスクの内容	主な取り組み
事業投資に関するリスク 　当社グループは，企業価値と相関関係の高い EVA による投資判断のもと，事業成長のために積極的な設備投資や M&A を進めています。これら成長投資を今後も進めるとともに，継続的な	当社グループは，重要な投資に対して，四半期決算毎に業績が当初計画から大きく乖離していないかを確認し，経営会議で報告しています。必要に応じて，関係部門は，今後の方向性や業

EVA改善を通して企業価値の向上に努めていきます。しかしながら，投資判断時に想定していなかった水準で，市場環境や経営環境が悪化し，業績計画との乖離等により期待されるキャッシュ・フローが生み出せない場合，設備投資により計上した有形固定資産や，M&Aにより計上したのれんや無形資産の減損処理により，財政状態及び経営成績に影響を及ぼす可能性があります。	績改善のための対策を検討しています。

（出所） 花王㈱（IFRS基準），2020年12月期の有価証券報告書における「2【事業等のリスク】」からの一部抜粋。なお，見出し以外の下線は筆者が付した。

(4) 開示内容の違いがもたらすもの

有価証券報告書の「事業等のリスク」について，何を開示するか，また，どこまで開示するかについては企業の判断に委ねられています。「企業内容等の開示に関する内閣府令」の記載上の注意には，記載する内容は例示されているものの，必須の開示内容ではないため，リスクの発生可能性や影響を開示するのがよいのか，リスク対応を開示するのがよいのかなどについては，企業が判断しなければなりません。その結果，一般的な内容を開示している企業と，これまで紹介してきた事例のように具体的な開示を行う企業とに二極化しています。

のれんの減損リスクについて一般的な内容を開示している場合には，機関投資家に対してリスクマネジメントが成熟していないとの印象を与えかねない点に留意が必要です。たとえ，リスクマネジメントが成熟していたとしても，その開示が不十分な場合には，実態どおりに解釈してもらえない可能性があるのです。

リスクマネジメントと開示の関係については，**図表4-2**のとおり，4つのケースに整理することができます。

図表４－２　リスクマネジメントと開示のマトリックス

		開示：不十分	開示：十分
リスクマネジメント	成熟	＜ケース４＞ 企業の取組みが伝わらない	＜ケース３＞ 企業の取組みが伝わる
リスクマネジメント	未成熟	＜ケース２＞ やむを得ない	＜ケース１＞ 検討の意義なし

？

ケース１	リスクマネジメントが成熟していない場合に，それに関する開示が十分な状態

ケース１は，**図表４－２**のマトリックスの右下の象限に該当します。このケースがあるとすれば，事実とは異なる内容を記載しているか，あるいは，成熟していない状態を説明しているかのどちらかだからです。いずれにしても，ここで検討を加える意義はありません。

ケース２	リスクマネジメントが成熟しておらず，かつ，その開示が不十分な状態

ケース２は，**図表４－２**のマトリックスの左下の象限に該当します。そもそもリスクマネジメントの取組みが十分ではないため，開示できる内容を充実させるには限界があります。したがって，このケースの場合には，リスクマネジメントそのものを成熟させていくしかありません。

ケース３	リスクマネジメントが成熟している場合で，かつ，その開示が十分な状態

ケース３は，**図表４－２**のマトリックスの右上の象限に該当します。このケースでは，機関投資家が企業の取組みを理解しやすい理想的な状態といえます。そのため，開示コミュニケーションが円滑になると期待できます。

ケース４	リスクマネジメントが成熟しているものの，その開示が不十分な状態

ケース４は，**図表４－２**のマトリックスの左上の象限に該当します。例えば，一般的な内容やボイラープレート的な内容を記載すると，機関投資家に対してリスクマネジメントが成熟している実態を適切に説明できません。開示コミュニケーションに問題ありといえます。

しかも，問題はそれにとどまりません。機関投資家にとっては，ケース４とケース２の見分けがつかないのです。すなわち，成熟度の高いリスクマネジメントを整備・運用していたとしても，その実態を適切に開示しない限り，機関投資家にとってはそれを知る手段がないのです。十分な開示を行わない結果，機関投資家からは，リスクマネジメントが未熟であると誤解される可能性もあります。この開示の不十分さによって資本コストが高まった場合，企業価値が低く評価されてしまうおそれがあります。事業活動を通じて企業価値を高める努力をしている一方で，財務報告を通じて企業価値の評価を引き下げるようでは，本末転倒です。このことからも，開示の充実に努めない合理的な理由は見出せないのです。

04 監査役等の監査に関する記述情報

(1) 監査役等の活動状況に関する開示の必要性

のれんの減損に関する開示コミュニケーションを行う主体は，企業情報を開示する経営者です。記述情報に経営者の視点を反映することが求められていた点は，すでに確認したとおりです。

ここに，重要な役割を果たすもう１つの主体を忘れてはいけません。それは，取締役の業務執行を監査する監査役，監査役会，監査等委員会または監査委員会（以下，「監査役等」という。）です。「金融審議会ディスクロージャーワーキング・グループ報告―資本市場における好循環の実現に向けて―」においては，米英では監査委員会の活動状況として委員会の開催頻度や議論した内容等について開示が求められているのに対して，当時の我が国では開示が求められていなかったことが指摘されました。そのような開示状況では，監査役等の活動の実効性を判断できないことが問題視されたのです。

そこで，有価証券報告書において，監査役等の活動状況の開示を求めるべきとの提言がなされたのです。この提言に基づき改正された「企業内容等の開示に関する内閣府令」によって，第二号様式の記載上の注意に，次の規定が定められました。

> **(56) 監査の状況**
>
> a(b)　最近事業年度における提出会社の監査役及び監査役会（監査等委員会設置会社にあっては提出会社の監査等委員会，指名委員会等設置会社にあっては提出会社の監査委員会をいう。dにおいて同じ。）の活動状況（開催頻度，主な検討事項，個々の監査役の出席状況及び常勤の監査役の活動等）を記載すること。

ここで，監査役等の活動状況として例示されている「主な検討事項」は，英国の開示規制を参考にしたものと考えられます。英国のコーポレートガバナンス・コードは，年次報告書に掲載される監査委員会の監査報告に，重要な課題とその対応の記載を求めているからです。

同コードは原則（Principles）と各則（Provisions）から構成されています。そのうち各則26において，年次報告書に監査委員会の活動を記述すべきとの考えが示されています。そこで記述すべき事項の１つとして挙げられている内容が，「財務諸表に関連して監査委員会が検討した重要な課題（significant issues）および当該課題への対応」です。

のれんの減損が重要な課題となっている場合に，監査役等は当該課題を看過できません。取締役の業務執行を監査する責任があるため，経営者による減損の判定状況について説明を求め，議論をし，かつ，結論を述べる必要があるものと考えられます。こうした過程も経たうえでのれんの評価の結果が，企業の財政状態や経営成績に反映されるため，機関投資家は，その活動の実効性を判断するための情報の開示を期待するのは当然です。よって，監査の状況に関する記述情報として，のれんの減損に関する対応を開示する方法が考えられます。

⑵　英国の監査委員会による開示状況

ロンドン証券取引所に上場している企業で，監査委員会の監査報告に重要な課題とその対応を記載しているもので，のれんの減損を取り上げている事例を２点，紹介します。

最初の事例は，英国のユニバーサルバンクであるバークレイズ社（Barclays PLC）です。同社の監査委員会の監査報告では，12の重要な課題が挙げられる中で，４番目にのれんの減損が取り上げられていました。**開示事例４-21**のとおり，のれんの回収可能性を裏付けるために実施した手続が説明されています。

開示事例 4 -21　監査委員会が回収可能性の裏付けを説明した記述情報

＜取組み領域＞
のれんおよび無形資産の減損（財務諸表の注記22を参照）

＜報告上の課題＞
のれんおよび無形資産の評価は，割引された将来の収益予測に基づき評価されます。当該収益は，現在の経済状況では著しく低下しています。加えて，当社グループの事業の性質および資金運用利益が収益の重要な部分を占めていることを考慮すると，そのような予測は長期金利の水準やイールドカーブの形状に特に敏感です。

＜当委員会の役割＞
当委員会は，のれんおよび無形資産の資金生成単位への配分を検討し，また，前年度に採用した処理と一貫していることを確認しました。また，ヘッドルーム（編注：回収可能価額が帳簿価額を上回る余裕部分）が減少し，また，その状況は前期よりも詳細な検討が必要とされるため，経営者と使用価値の評価方法について議論しました。特に，関連するCGUに純有形資本（編注：net tangible equity，株主資本からのれんを差し引いたもの）を配分する基準を検討しました。さらに，経営者による将来の収益予測（減損評価に影響を与える可能性のあるマクロ経済環境の重要な変化を考慮したうえで中期計画によって示されたもの）とその後の期間の予測についても検討しました。最後に，経営者が行った感応度分析を検討しました。その分析はどのような仮定の変化が減損の必要性を引き起こすかを示しています。

＜結論／実施した行動＞
当委員会は，この予測はのれんおよび無形資産の回収可能性を裏付けるものであり，また，減損は必要とされないと確信しました。しかし，予想どおり，ヘッドルームは前年度に比べて大幅に減少しており，また，感応度分析では主要な仮定が比較的小さく変化した場合でも減損につながる可能性があることが示されています。そのため，当委員会は，開示内容を慎重に検討した結果，主要な感応度と潜在的な影響が適切に注目されていることを確認しました。

（出所） バークレイズ社の“Annual Report 2020”の“Directors' report: Board Audit Committee report”（P.76）からの抜粋（仮訳）。なお，原文では左右に対比した表形式としているが，掲載の便宜上，縦方向の記載としている。

次の事例は，多角的な国際食品・食材・小売グループであるアソシエーテッド・ブリティッシュ・フーズ社（ASSOCIATED BRITISH FOODS PLC）です。同社の監査委員会の監査報告では，合計5つの重要な課題が挙げられる中で，最初にのれんの減損が取り上げられています。**開示事例4-22**のとおり，主要な仮定について検討が加えられているとともに，その仮定に対する外部監査人の検討についても言及があります。

開示事例4-22 監査委員会が主要な仮定の検討を説明した記述情報

＜グループの財務諸表に重要な影響を与える重要な会計上の判断および見積りの領域＞
のれん，無形資産，有形資産，使用権資産の減損

減損の判定には，帳簿価額と回収可能価額の比較が含まれます。回収可能価額は使用価値と売却費用控除後の公正価値のいずれか高い方です。使用価値は，適切なレートで割り引かれた将来の予測キャッシュ・フローを参照して決定されます。キャッシュ・フローと割引率はともに，重要な見積りの不確実性を伴います。

＜監査委員会の保証＞
当委員会は，キャッシュ・フロー予測の妥当性を検討しました。その予測は取締役会で承認された最新の予算に基づくものであり，また，過去の経験や外部の情報源に基づく売上成長率，営業費用および利益率に関する経営者の予測が反映されています。当委員会は，Azucarera，Allied Bakeries，China

Sugar，Australian meat，AB Mauri，Primarkの一部の店舗に焦点を当てました。

年間の予算ではカバーされていない長期成長率について，関連する資金生成単位が事業を行う製品，産業および国にとって適切かどうかを検討しました。また，これらの予測を導き出すにあたっての主要な仮定をレビューし，検討しました。具体的には，割引率や成長率に加えて，生産や販売の量，販売価格および直接コストの予測される変動があります。さらに，主要な仮定や感応度に関する開示の適切性についても検討を行いました。これらの仮定の詳細は財務諸表の注記８および９をご参照ください。

当委員会は，割引率の仮定において，貨幣の時間価値および特定の資産に関連するリスクに関する現在の市場評価が適切に反映されていることに納得しました。その他の主要な仮定はすべて合理的であると判断しました。

外部監査人は，使用価値と売却費用控除後の公正価値の見積りについて独立した監査を行いました。その監査には，経営者が基礎としたキャッシュ・フロー予測，長期成長の仮定および割引率の検討が含まれます。監査の実施，また，主要な仮定と関連する感応度の検討に基づき，外部監査人は検討を行った結果，注記８，９および10で詳述したとおり，例外項目に含まれるAzucareraののれん，Speedibakeの資産およびPrimarkの一部の店舗に対する１億5,700万ポンドの減損費用や，Allied Bakeriesの1,500万ポンドの資産評価減は適切に認識されており，かつ，もはや減損は必要となるとは考えられていません。

（出所）アソシエーテッド・ブリティッシュ・フーズ社の“Annual Report and Accounts 2020”の“Audit Committee report”（P.106）からの抜粋（仮訳）。

(3)　我が国の監査役等による主な検討事項の開示

有価証券報告書に監査役等の活動状況に関する記載を求めて改正された「企業内容等の開示に関する内閣府令」の適用は，2020年３月31日以後に終了する事業年度（１年前倒しの早期適用も可能）からです。そのため，開示の実務が積み上がるのは，これからです。また，監査役等の監査における主な検討事項に関する開示も，全体としては少ないものと推測されます。

そうした中で，監査役等の主な検討課題としてのれんの減損を記載している事例として，**開示事例 4 -23**を紹介します。まず４つのリスク課題を示したうえで，６つの重点監査項目を記載しています。リスク課題の４番目に財務報告の適正性として「のれんの減損評価の妥当性」が，また，重点監査項目の６番目に「財務報告・情報開示の監視・検証」が挙げられています。当該項目の活動状況として，次の内容が開示されました。

開示事例 4 -23　日本の監査役会がのれんの減損を検討課題に挙げた記述情報

④　財務報告の適正性監査

当社の財務報告におけるリスクであるのれん減損評価について，通年に渡り代表取締役，財務統括部門，会計監査人と協議を重ねてまいりました。2021年２月期は，子会社である株式会社ポッケにおいて同社の主たる事業であるコンテンツ事業不振による業績見通しの低迷によりのれん減損損失を計上するに至りましたが，のれん減損評価の妥当性を確保する内部統制の整備及び運用について財務統括部門から報告を聴取し，その妥当性を検証すると共に，のれん減損評価に係る会計監査人の監査の相当性について検証並びに意見交換を行いました。

（出所）㈱ベルシステム24ホールディングス（IFRS），2021年２月期の有価証券報告書における「４【コーポレート・ガバナンスの状況等】⑶【監査の状況】①監査役監査の状況　c 監査役会の主な検討事項」からの抜粋。

05　記述情報による開示の活用

ここまで，記述情報の活用について，実際の開示事例を提示しながら説明してきました。のれんの減損についても記述情報の充実を図っていくことで，継続的な開示コミュニケーションが可能となります。重要な減損損失が計上されていない場合であっても，乖離幅・現実味・時間軸の要素を満たしていない場合であっても，のれんの減損に関する状況について説明が行えるのです。のれんが減損となるリスクが低い場合であっても，のれんの残高が重要なときには，当年度における減損プロセスのステップの進行度や減損リスクが低いと考えている根拠などについて説明することができ，しかも，継続的な開示が行えるのです。これを活用しない理由はありません。

図表４－３　各種開示方法の比較

項目	減損会計基準等に基づくPL注記	見積開示会計基準に基づく注記	記述情報による開示
開示要件	重要な減損損失が計上されたとき	乖離幅・現実味・時間軸の要素を満たすとき	要件はない
減損を判定する単位（グルーピング）	減損損失を認識した資産グループに限定される	開示される場合であっても，基本的に３要素を満たす資産グループに限定される	制限はない
減損の兆候	開示の要求なし	理解に資する情報に例示なし	制限はない
主要な仮定	開示の要求なし（規定化されなかった経緯あり）	理解に資する情報に「金額の算出に用いた主要な仮定」の例示あり	制限はない
将来キャッシュ・フローの算出方法	開示の要求なし（規定化されなかった経緯あり）	理解に資する情報に「金額の算出方法」の例示あり	制限はない
感応度・結果の範囲	開示の要求なし	理解に資する情報に「翌年度の財務諸表に与える影響」の例示あり	制限はない

第5章　減損の監査対応

01『継続的な開示コミュニケーションに至らない深層背景』

02『過度に保守的な開示が貫けないKAM』

03『見積監査の対応で減損リスクに取り組まざるを得ない』

04『ありのまましか開示できない「その他の記載内容」』

05『企業が採るべき最も経済合理性のある選択肢』

01 継続的な開示コミュニケーションに至らない深層背景

ここまで，のれんの減損に関する継続的な開示コミュニケーションを実践するための考え方や方法について説明してきました。また，その実践の第一歩を踏み出しやすくするために，実際に開示された事例を参考にしてきました。

しかしながら，こうした考え方を理解したとしても，継続的な開示コミュニケーションを実行に移すことが困難な状況もあるでしょう。開示の内容が従来と変わらなければ，機関投資家をはじめとした財務諸表の利用者とのコミュニケーションが今以上に改善することは期待できません。

継続的な開示コミュニケーションが財務報告における理想的な姿勢と考えたときに，企業がこれに取り組むことが効果的な状況とは，リスクマネジメントが成熟し，かつ，その開示が十分な場合として整理できます。ということは，継続的な開示コミュニケーションに至らない深層背景には，リスクマネジメントの成熟度とその開示の十分度という２つの観点から導かれる企業の姿勢があると考えることができます。**図表５－１**のとおり，継続的な開示コミュニケー

図表５－１　**リスクマネジメントと開示のマトリックスによる企業の姿勢**

		開示	
		不十分	十分
リスクマネジメント	成熟	（姿勢①） 保守的	理想的
リスクマネジメント	未成熟	（姿勢②） 消極的	（姿勢③） 虚飾的

ションを阻む要因として，次の３つの姿勢があると指摘できます。

(姿勢①)　のれんの減損リスクに対して適切なマネジメントを行っているものの，それに関する継続的な開示コミュニケーションに対して過度に保守的になる
(姿勢②)　のれんの減損に関するリスクマネジメントを成熟させていくことに消極的な姿勢を見せる
(姿勢③)　のれんの減損に関する継続的な開示コミュニケーションで，実態よりも良い状態として見せかける

財務諸表監査の下では，こうした姿勢を保ち続けることは許されません。というのも，財務諸表監査は，近年の会計上の見積りの手法の高度化や記述情報の充実などの変化に対応するために，新しい制度の設定や，既存の制度の見直しが行われているからです。のれんの評価やその減損に関する継続的な開示コミュニケーションに関連したものを抜粋したものが，**図表５−２**です。このように会計処理や注記事項，記述情報について，監査制度が重層的，包囲網的に取り囲んでいることが理解できます。

結論をいうと，**(姿勢①)** のように，会計基準に要求された開示事項に表層的に対応すればよいと考えていても，KAM（監査上の主要な検討事項）を通じて開示される結果となる場合があります。また，**(姿勢②)** のように，リスクマネジメントを成熟させることに消極的なままでいようとしても，会計上の見積りに関する監査によって取り組まざるを得ない状況となる可能性があります。さらに，**(姿勢③)** のように，減損会計で用いた将来の見通しよりも状況の良い開示を有価証券報告書の記述情報において行おうとしても，その他の記載内容に対する手続によって修正を求められるか，あるいは，監査報告書でその事実が報告されてしまいます。

このように監査対応によって，財務報告の意識を高めざるを得なくなるのです。これは，ネガティブな状況とは限りません。特に，減損に関する継続的な

図表5-2　のれんの評価に関連した監査制度の改正状況

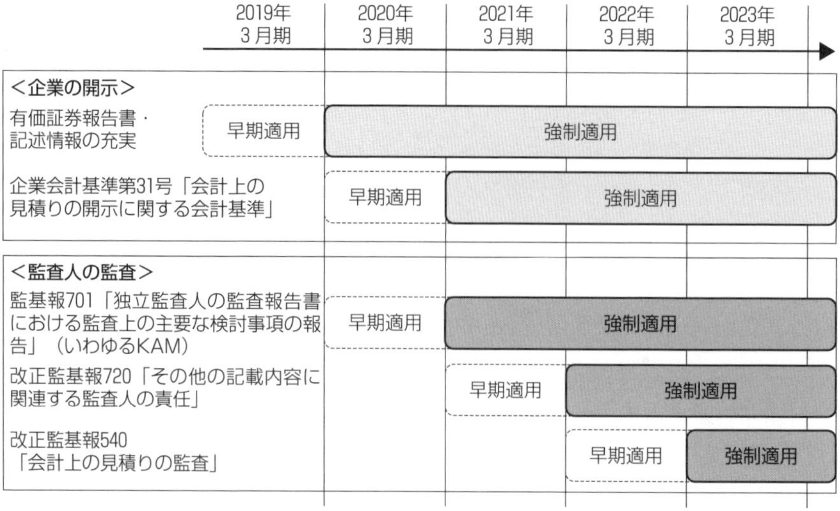

（注）「監基報」とは「監査基準委員会報告」の略語である。

開示コミュニケーションを実践したいと考えていながらも，その実現に社内の理解が得られなかった場合には，変革のための絶好のチャンスだからです。監査対応を活用することで，リスクマネジメントの成熟度や企業の開示の十分度を高めるポジティブな状況に転換できるのです。もちろん，社内体制を今以上に改善していく機会にもできます。このことについて，次に説明していきます。

02　過度に保守的な開示が貫けないKAM

(1)　未公表ではいられない減損リスクマネジメント

のれんの減損リスクに対して適切なマネジメントを行っていながらも，それに関する継続的な開示コミュニケーションに対して過度に保守的に考えることもあるでしょう。そもそも主体的，積極的に開示したいという動機が持てないのかもしれません。また，開示規則などで個別具体的な事項の開示が要求されていないと正当化しているのかもしれません。あるいは，競合他社の動向や先行事例を踏まえたうえで開示の仕方を検討したいのかもしれません。

しかし，企業が過度に保守的な姿勢をいくら貫いたとしても，のれんの減損リスクに関するマネジメントの状況が公表される結果となる可能性があります。有価証券報告書などの財務報告において企業自ら言及しない場合であっても，別の媒体によって，のれんの減損リスクにどう対応しているのかが機関投資家に伝わることがあるからです。

その媒体とは，監査人による監査報告書です。金融商品取引法に基づく財務諸表監査では，2021年3月期から，KAMの報告が義務づけられています。このKAMに，企業が行っているのれんの減損リスクに関するマネジメントの状況が直接的，間接的に説明されることがあるのです。もちろん，このKAMが報告される前には，その内容について監査人と経営者や監査役等との協議が想定されているため，企業の預かり知らぬところで突然，情報が公表されるような事態にはなりません。また，KAMに関する協議の場を通じて，企業側の見解を伝えることもできます。とはいえ，KAMは監査人の監査報告書に記載されるものであるため，その内容を公表するかどうかの最終的な判断は監査人が自らの責任の下で行います。したがって，企業としては，のれんの減損リスクについて保守的な開示を貫き通すことが困難な状況になったといえます。

注意したいのは，KAMは企業の財務リスクをさらすことを目的とした制度ではない点です。企業の財務リスクをさらすという意味では，本来的には見積開示会計基準に基づく注記のほうでしょう。**第3章**で説明したとおり，会計上の見積りの不確実性について乖離幅・現実味・時間軸を満たす事項についての開示が要求されているからです。ただし，現状ではこれらの要素を満たしていない開示が多いため，財務リスクについてのシグナルというよりも，むしろノイズとなっている可能性が指摘できます。

そのため，KAMが結果的に財務リスクのシグナルとして機能する局面も否定できません。このようなKAMに対応していくためには，その制度趣旨を適切に理解する必要があります。次に，そのエッセンスを解説します。

(2) KAMの制度趣旨

① KAM議論のきっかけ

KAMが世界的に議論されるようになったきっかけは，2008年の金融危機です。監査人の監査報告書で適正意見が表明されていた企業が，その翌年には倒産に至る事態を招いたからです。こうした事態を受けて，機関投資家からは，監査報告書に記載される内容が十分ではないとの声が高まりました。そこで，機関投資家はどのような監査が行われたかの情報を具体的に求めるようになったのです。

この声にいち早く動いたのは，イギリスでした。2011年1月に，FRC（財務報告評議会）がディスカッション・ペーパー「会社の有効なスチュワードシップ：コーポレート・レポーティング及び監査の強化」を公表します。この中で，監査人の報告の拡充が提言されたのです。

また，国際監査基準を策定しているIAASB（国際監査・保証基準審議会）は，2011年5月にコンサルテーション・ペーパー「監査報告の価値の向上：変更の選択肢の模索」を公表しました。監査報告書の記載内容を見直そうと動き出します。

こうした流れによって，監査報告書の記載を充実させていく方向性が打ち出されました。なお，日本では，2016年3月，金融庁に設置された「会計監査の在り方に関する懇談会」が公表した「『会計監査の在り方に関する懇談会』提言―会計監査の信頼性確保のために―」において，会計監査の内容等に関する情報提供の充実の1つに，監査報告書の透明化が挙げられました。この提言に基づき，その後日本においてもKAM制度の議論が進められていきます。世界の動きと同様に，監査の信頼性を確保することが達成すべき課題でした。

② 当時の問題

監査報告書の役割には，監査業務が本来的に果たす保証機能と，その保証業務を補足する情報提供機能とが挙げられます。KAM制度が導入される前の監査報告書の役割は，このうちの保証機能，すなわち，監査意見を端的に示すフォーマットに収斂していました。

確かに，このフォーマットによって，機関投資家は，監査意見を容易に理解することができます。保証機能に限れば，監査人と機関投資家のコミュニケーションコストは極めて低いものだといえます。

しかし，その結果として，監査意見以外の情報が定型化されてしまったという側面も否定できません。監査報告書に記載される内容は，監査意見を除けば，どの企業のものも基本的には同じです。監査に固有の情報が提示されないような監査報告では，監査プロセスの透明化を求める機関投資家の期待に応えられません。こうして監査人が何に着目して監査を実施したかを理解できない内容となっていた従来の監査報告書の記載が問題視されるようになったのです。

③　問題の解決策

監査の過程で何を重視したかのプロセスの記載まで求める「監査報告書の透明化」を実現するにあたって，監査結果が端的かつ容易に理解できるフォーマットまで完全否定することは現実的ではありません。機関投資家が，各社の監査報告書のどこに何が記載されているかを読み取らなければならなくなるからです。これでは，いたずらにコミュニケーションコストを高めてしまいます。

そこで，保証機能のみならず，情報提供機能も一緒に果たすために，従来のように監査意見を端的に示すフォーマットに加えて，監査プロセスに関する情報も記載する監査報告書の構成が生み出されました。この構成によれば，機関投資家は監査意見を容易に把握できる一方で，監査プロセスについての情報も得られます。ここで情報提供機能を果たす記載項目が，KAMです。従来の監査報告書のフォーマットにKAMを追加記載することによって，監査報告書における情報提供機能の不十分さを解決していくのです。

このように，KAMの制度趣旨は「監査プロセスの透明化」にあります。企業の財務リスクをさらすことが主目的ではありません。例えば，KAMにのれんの評価が取り上げられる場合，それはのれんの評価に関する監査プロセスを説明するものであって，のれんの減損についてアラートを発することが第1の目的ではないのです。

しかしながら，KAMの内容やKAMであると決定した理由，監査上の対応について報告される際に，企業が開示していない情報が含まれる状況もあり得ます。当年度にのれんの減損損失を計上していない場合でも，監査人が当年度の財務諸表監査でのれんの評価が特に重要と判断したときには，KAMとして決定されます。その結果，KAMの報告において，減損の兆候の有無や，主要な仮定，関連する内部統制などが言及される状況も想定できます。つまり，企業がのれんの減損リスクに関連する事項を開示していなくても，KAMの報告を通じて公表される結果となる可能性があるのです。企業の未公表情報を公表することはKAMの主目的ではないものの，副次的な作用として考えられます。

(3) KAMにおける企業の未公表情報の取扱い

① 経営者に対する情報開示の要請

KAMの報告の中に企業が公表していない情報が含まれる場合，当該未公表情報が開示されるべき性質の情報であるときには，企業はそれを開示する責任があります。それは，必ずしも財務諸表の注記事項として開示されるとは限りません。有価証券報告書の記述情報やその他の開示が適当な状況もあり得ます。ただし，**第4章**で説明した「適正表示の枠組み」の下では，財務報告の枠組みにおいて具体的に要求されている以上の開示を行うことが必要な場合，財務諸表に注記する必要があります。

したがって，KAMに企業の未公表情報が含まれる場合には，KAMの協議の場で経営者は監査人から追加の情報開示が要請される可能性があります。また，この要請に積極的に対応することも期待されています。加えて，監査役等からも追加の開示が促されるものと考えられます。

② 経営者が情報開示に応じない場合

監査人から要請を受けたにもかかわらず，経営者が情報開示に応じない場合も考えられます。その場合，監査人は然るべき手順を踏んでいることから，企業の未公表情報を含むKAMを報告することに問題は生じません。

もっとも，取引先と守秘義務を負っているような情報などのように，取扱いに注意を要するセンシティブな情報まで報告することは認められません。ただし，KAMにセンシティブな情報が含まれる状況は想定されにくく，かつ，それが含まれていたとしても記載の仕方である程度は対応できるものと考えられます。

③　不利益と公共の利益との比較衡量

監査人は，企業の未公表情報をKAMに含めるべきかどうかを判断するにあたって，不利益と公共の利益とを比較衡量します。

2018年７月５日付の「監査基準の改訂に関する意見書」には，KAMの記載によって企業や社会にもたらされる不利益が，当該記載によってもたらされる公共の利益を上回ると合理的に見込まれない限り，KAMとして記載することが適切である旨が示されています。なお，不利益の範囲について，JICPAから公表されている監査基準委員会研究報告第６号「監査報告書に係るQ&A」のQ２-16によれば，企業の株価や資金調達への影響は含まれないと説明されています。それらの影響は，本来，企業が財務諸表やその他の開示を通じて機関投資家等の利害関係者に伝達することが開示制度上想定されているからです。

また，同意見書には，監査の内容に関するより充実した情報を財務諸表の利用者に提供することは公共の利益に資するものと推定されるため，KAMと決定された事項を監査報告書に記載しない場合は極めて限定的であるとする見解も示されています。したがって，不適切な情報提供となる場合を除き，KAMに企業の未公表情報が含まれる状況は十分にありうると考えられます。

(4) のれんの減損に関するKAM事例

財務諸表に含まれる会計上の見積りは，その不確実性の観点から，KAMとして選ばれやすい側面があります。よって，のれんの評価についても，金額的な重要性はもちろんのこと，見積りの不確実性を理由にKAMとして決定される状況が想定できます。実際，**図表5－3**のとおり，我が国でKAMが強制適用された最初の決算期である2021年3月期において，のれんの減損はKAMとして最も多く取り上げられています。

図表5－3　2021年3月期に報告されたKAM（連単の合算）

内容	IFRS	米国基準	日本基準	計	構成比
減損（のれん）	22	3	7	32	15.9%
減損（固定資産）	12	4	16	32	15.9%
関係会社株式の評価	9	3	7	19	9.4%
繰延税金資産の回収可能性	9	2	8	19	9.4%
収益認識	10		5	15	7.5%
貸倒引当金	1	1	10	12	6.0%
ITシステム	3		7	10	5.0%
棚卸資産の評価			8	8	4.0%
無形資産の取得測定	5		1	6	3.0%
見積りの仮定	4		1	5	2.5%
公正価値評価（レベル3）	1	2	2	5	2.5%
債務見積り	3		2	5	2.5%
その他	16	2	15	33	16.4%
総計	95	17	89	201	100.0%

（注）TOPIX100構成銘柄（2020年10月30日時点）のうち，2021年3月期の有価証券報告書を提出した上場企業81社の連結財務諸表および財務諸表に対する監査報告書に記載されたKAMを集計した。ただし，3社では，1つのKAMに複数の内容を記載していたため，分割している。

また，連結財務諸表の監査報告書に記載されたKAMと同一内容であるため，個別財務諸表の監査報告書へのKAMの記載をすべてまたは一部を省略した事例を除外した。この除外には，連結財務諸表の監査報告書に記載されたKAMと実質的に同一内容であると判断されるものの，個別財務諸表の監査報告書へのKAMの記載を省略する規定を適用していない事例も含めている。

のれんの減損に関するKAM事例の中には，①減損会計の判定単位の変更，②のれんに関する減損の兆候の有無，③のれんの評価における見積りの仮定，④のれんの評価に関する内部統制などを説明したものがあります。こうした記載によって，のれんの減損プロセスや各ステップの進行度，見積りに用いた仮定，一連の内部統制が明らかになります。加えて，減損判定やリスク管理の適否，開示の適切性を推し量る材料を財務諸表の利用者に与える可能性もあります。それが，機関投資家との対話において問題視される状況も考えられます。そうした状況に備えるためにリスクマネジメントの成熟度や企業の開示の十分度をより高めていく必要があると，社内に呼びかける機会にできます。

そこで，のれんの減損に関するKAM事例を紹介しながら，企業が継続的な開示コミュニケーションを行うにあたって活用できる取組みを考えていきます。

①　減損会計の判定単位の変更

のれんの減損を判定する単位を変更した事実がKAMの報告の中で言及されることがあります。

例えば，**開示事例5－1**のKAMでは，グルーピングの見直しとその対応手続が報告されています。同社では，重要な会計上の見積りや仮定に関する記述情報においてグルーピングを変更した旨を開示していたため，KAMだけに公表された情報ではありません。

しかしながら，記述情報や注記事項として開示されていない場合であっても，グルーピングを変更した事実やその意思決定がどの組織体で行われたかといったマネジメントの状況がKAMの中で記載される可能性があることを示した点で注目したい事例です。

また，同社のように，減損会計の判定単位の変更という情報は，企業による継続的な開示コミュニケーションとして適していることも理解できます。加えて，継続的な開示という観点からは，その変更があった場合に限ることなく，減損会計の判定単位が記述情報で補足説明されることが望まれます。

開示事例5-1　のれんの減損を判定する単位の変更に関するKAM事例

監査上の主要な検討事項の内容及び決定理由（抜粋）
さらに，会社は，介護事業を営む会社の事業の一体化と経営基盤強化を図るため，2020年6月18日付にて株式会社ウイズネットの商号をALSOK介護株式会社へ変更し，2020年10月1日付で株式会社HCM，ALSOKあんしんケアサポート株式会社の介護事業部門，及び有限会社あんていけあをALSOK介護株式会社と統合している。これにより，会社は，各社の事業を在宅事業，施設介護事業，高齢者向け住宅事業のそれぞれ事業単位に統合し，各社に係るのれん残高を合算した上で，より大きな単位で資産のグルーピングを行っている。
監査上の対応（抜粋）
・グルーピング 資産のグルーピングが適切に行われていることを確かめるため，管理会計上の区分や投資の意思決定を行う際の関連資料を閲覧した。 特に2020年10月1日に行われた介護事業4社の統合に伴う資産のグルーピング見直しの合理性を検討するに当たっては，主に以下の手続を実施した。 ・統合前の超過収益力が統合後においても維持されるか検討するため，統合前の事業計画に考慮されている重要な仮定が，統合後の将来の事業計画においても考慮されているか検討した。 ・各社に係るのれん残高を合算した上で，より大きな単位で資産のグルーピングを行っていることの合理性を検討するため，他の単位から生ずるキャッシュ・イン・フローと相互補完的であるかという観点から管理会計上の区分や事業の性質，市場などの類似性について，会社の財務報告の責任者と統合後の組織体制や内部管理体制を議論するとともに，業務執行会議事録等を閲覧した。

（出所）　綜合警備保障㈱（日本基準）の2021年3月期の連結財務諸表に対して，太陽有限責任監査法人が監査報告書に報告したKAM「のれんの評価」からの一部抜粋。なお，原文では左右に対比した表形式としているが，掲載の便宜上，縦方向の記載とした。

②　のれんに関する減損の兆候の有無

のれんについて減損損失を計上していない場合には，財務諸表における見積開示会計基準に基づく注記やMD&Aにおける重要な会計上の見積りや仮定に関する記述情報などで特段の言及がなければ，のれんに減損の兆候があったかどうかは開示されません。しかし，のれんの評価がKAMに取り上げられる場合に，減損の兆候の有無について言及されることがあります。

例えば，**開示事例５－２**では，取得原価のうち，のれんやのれん以外の無形資産に配分された金額が相対的に多額になるために減損の兆候が存在すると判定した場合に，企業は開示していないものの，監査人はKAMの報告において，のれんに減損の兆候があった旨を説明しています。

開示事例５－２　のれんの減損の兆候（相対的に多額）に関するKAM事例

監査上の主要な検討事項の内容及び決定理由（抜粋）
会社は，当該顧客関連資産及びのれんについて，取得原価のうちこれらに配分された金額が相対的に多額であるため，減損の兆候が存在すると判断し，これらの資産に関連する事業から生じる割引前将来キャッシュ・フローの総額と帳簿価額を比較することで，減損損失の認識の要否を判定している。

（出所）㈱エムアップホールディングス（日本基準）の2021年３月期の連結財務諸表に対して，有限責任監査法人トーマツが監査報告書に報告したKAM「顧客関連資産及びのれんの減損処理の要否に関する判断」からの一部抜粋。

また，企業がのれんの減損について兆候はないと判断した場合に，監査人がその状況や根拠をKAMとすることもあります。例えば，**開示事例５－３**では，企業は減損の兆候の有無を特段開示していないものの，監査人はKAMの報告において，のれんの減損の兆候がないとする企業の判断を説明しています。

開示事例５－３　のれんの減損の兆候がないことを取り上げたKAM事例

監査上の主要な検討事項の内容及び決定理由（抜粋）
Ovakoにおいては，米中貿易摩擦，新型コロナウイルス感染症の感染拡大等に伴う欧州における自動車販売台数の減少による受注量減少の結果，2019年度及び2020年度の営業活動から生じた損益（のれん償却後）が継続してマイナスとなっているものの，経営者は，作成した事業計画において翌期（2021年度）にその損益がプラスとなることを見込んでいることから当連結会計年度において減損の兆候は認められないと判断している。当該判断の基礎となるOvakoの事業計画は，欧州における今後の特殊鋼需要回復による販売数量の増加を前提としており，その予測には不確実性を伴う。
監査上の対応（抜粋）
⑵　のれんの減損の兆候の有無に関する判断の妥当性の評価 のれんの減損の兆候の有無に関する経営者の判断の基礎となるOvakoの事業計画に基づく翌期の営業損益の見込みについて，経営者が採用した重要な仮定の合理性を評価するため，その根拠について経営者に対して質問したほか，その信頼性を会計基準の要求事項に照らして評価するため，主に以下の手続を実施した。 • 事業計画における販売数量について，欧州の自動車販売台数の予測に関する利用可能な外部のデータと比較し，最新の受注状況との整合性を検証した。

（出所）　山陽特殊製鋼㈱（日本基準）の2021年３月期の連結財務諸表に対して，有限責任 あずさ監査法人が監査報告書に報告したKAM「Ovako Group ABののれんの減損の兆候の有無に関する判断の妥当性」からの一部抜粋。なお，原文では左右に対比した表形式としているが，掲載の便宜上，縦方向の記載とした。

このように，企業が減損の兆候の有無を特段開示していない場合であっても，その有無や企業の判断がKAMの報告であえて言及されています。したがって，特定ののれんに減損の兆候がなかったことの記述情報が，継続的な開示コミュニケーションとして適している場合がありうると考えられます。

③　のれんの評価における見積りの仮定

のれんの評価には見積りの要素が含まれます。企業は，会計上の見積りに関する主要な仮定について，注記事項や記述情報を通じて開示します。一方で，監査人がのれんの評価をKAMとする場合に，会計上の見積りに関する主要な仮定を列挙したうえで，それに対応する手続を説明することがあります。これらの仮定が企業と監査人との間で一致するものと推測できるものの，どちらかが詳しく説明している場合があります。KAMのほうが詳しい場合には，企業が開示していない情報が公表される結果となります。

例えば，**開示事例5－4**では，会計上の見積りに関する主要な仮定について，KAMのほうが詳しく報告されています。KAMでは事業計画における売上高および事業利益率を主要な仮定としていることについて，企業の開示では特に言及されていません。

開示事例5－4　主要な仮定が企業の開示より詳しいKAM事例

監査上の主要な検討事項の内容及び決定理由（抜粋）
それぞれの資金生成単位の回収可能価額の見積りは，主に割引キャッシュ・フロー法を使用し，その過程では経営者による主要な仮定が採用されている。経営者が回収可能価額の算定にあたって基礎とした主要な仮定には，将来キャッシュ・フローの基礎となる事業計画における売上高及び事業利益率並びに将来キャッシュ・フローを延長するために用いた成長率及び将来キャッシュ・フローに適用した割引率が含まれ，回収可能価額の見積りは，これらの仮定により重要な影響を受けるため，高度な経営者の判断及び不確実性を伴う。
監査上の対応（抜粋）
• 将来の事業計画の前提となる売上高及び事業利益率の仮定について，過去の売上高及び事業利益率の実績と比較するとともに，売上高の仮定について外部の調査機関から各社が入手した情報との整合性を確かめることによる，経営者による仮定の批判的な検討

・事業計画に含まれる主要な仮定である売上高及び事業利益率の合理性についての評価の結果，過去の事業計画の達成状況と差異要因についての検討結果等を踏まえた事業計画に一定の不確実性を反映する監査人独自の感応度分析の実施。その上で，経営者による見積りとの比較を行い，減損損失の認識の要否の判定に与える影響の検討

（出所） 味の素㈱（IFRS）の2021年３月期の連結財務諸表に対して，有限責任 あずさ監査法人が監査報告書に報告したKAM「味の素フーズ・ノースアメリカ社の取得に伴って発生したのれん並びに味の素AGF株式会社の取得に伴って発生したのれん及び耐用年数を確定できない無形資産の評価に関連する回収可能価額の見積りの合理性」からの一部抜粋。なお，原文では左右に対比した表形式としているが，掲載の便宜上，縦方向の記載とした。また，下線は筆者が付した。

また，**開示事例５－５**では，主要な仮定の前提事項がKAMで説明されています。これは，企業による連結財務諸表の注記事項「16. 非金融資産の減損 ⑵のれんの減損テスト」には開示されていない情報です。

開示事例５－５　主要な仮定の前提事項を説明するKAM事例

監査上の主要な検討事項の内容及び決定理由（抜粋）

会社は治療機器セグメントに関するのれんの減損テストの実施にあたり，回収可能価額を使用価値により測定している。使用価値は経営者が承認した５年を限度とした事業計画によるキャッシュ・フローと事業計画の期間経過後の成長率を基礎とした継続価値を，現在価値に割り引いて算定されている。使用価値の算定に際しての主要な仮定は以下の通りである。

・事業計画における成長率，営業利益率
・計画期間経過後の成長率
・割引率

これら主要な仮定は経営者の見積に伴う不確実性を含んでおり，使用価値の算定に重要な影響を及ぼす。特に事業計画における成長率と営業利益率は，処置具やデバイスのポートフォリオ拡充と手技の普及による成長を前提としてい

るが，これらは会社が治療機器事業を展開する国・地域の医療機器に関する規制や，他社製品との競合といった外部環境の影響を受ける。
監査上の対応（抜粋）
●5年を限度とした事業計画における成長率及び営業利益率について，前提事項を理解するため経営者への質問を行った。また，これらについての過去実績，市場予測及び利用可能な外部データとの比較を行った。

（出所）　オリンパス㈱（IFRS）の2021年3月期の連結財務諸表に対して，EY新日本有限責任監査法人が監査報告書に報告したKAM「治療機器セグメントののれんの評価」からの一部抜粋。なお，原文では左右に対比した表形式としているが，掲載の便宜上，縦方向の記載とした。また，下線は筆者が付した。

以上の事例から，企業が会計上の見積りに関する主要な仮定を開示しない場合でも，KAMの報告を通じてそれが知らしめられる状況があることが理解できます。また，当該仮定を開示した場合でも，KAMの報告でより詳しく説明される状況があることも想定できます。2022年3月4日付で金融庁が公表した「監査上の主要な検討事項（KAM）の特徴的な事例と記載のポイント」では，会計上の見積りに関する主要な仮定がKAMに具体的に記載されている一方で，注記情報には具体的に記載されていない場合には，「注記が不足している可能性」や「会社と監査人とのコミュニケーションの十分性に課題がある可能性」が指摘されています。前者の指摘については訂正報告となるリスクがあり，また，後者の指摘については機関投資家が要求する資本コストが高くなる結果として企業価値が低く評価されるリスクがあります。

このようなリスクを回避するには，のれんの評価に関する主要な仮定について，監査人との協議を踏まえた十分かつ適切な開示を行うことが必要不可欠です。KAMへの対応を継続的な開示コミュニケーションに活用していくことが有用と考えられます。

④　のれんの評価に関する内部統制

企業は，のれんの評価を適切に実施するための内部統制を整備・運用しています。この内部統制がどのように行われているかについて，KAMの中で間接的に示されることがあります。例えば，**開示事例5－6**では，会計上の見積りに不合理な仮定が採用されないよう，それを防止・発見するための統制が企業内に構築されていることが理解できます。

開示事例5－6　不合理な仮定が採用されないための内部統制を示したKAM事例

監査上の対応（抜粋）
(1)　内部統制の評価 のれんの減損テストにおける使用価値の見積りに関連する内部統制の整備及び運用状況の有効性を評価した。評価に当たっては，使用価値の見積りに不合理な仮定が採用されることを防止又は発見するための統制に，特に焦点を当てた。

（出所）　JSR㈱（IFRS）の2021年3月期の連結財務諸表に対して，有限責任 あずさ監査法人が監査報告書に報告したKAM「創薬支援サービス事業に配分されたのれんの減損損失の認識の要否に関する判断の妥当性」からの一部抜粋。なお，下線は筆者が付した。

こうしたKAMの報告を通じて，のれんの評価に関する内部統制の有効性の水準が垣間見えることがあります。また，この有効性は，減損に関するリスクマネジメントの成熟度によって左右される側面もあります。KAMへの対応をきっかけに，リスクマネジメントの成熟度を高めていく取組みを社内展開する機会にもできます。

(5)　企業によるKAM対応

企業がKAMへの対応を行う場合における重要なポイントとして，企業と監査人との認識を共有することが挙げられます。何が重要かという認識が一致していなければ，重要ではない事項がKAMとして報告されることによって，財務諸表の利用者が企業の実態を誤解しかねないからです。そのような事態とならないよう，早期からKAMについて協議を進めておくべきです。

例えば，のれんの評価がKAMとして取り上げられる場合，次の3点についての認識を共有すべきです。

①　取り上げるべき項目の重要性

まず，のれんに重要性があるかという認識を合わせておくことが適切です。経営者や監査役等がのれん以外に財務的に重要だと認識している事項がある場合に，のれんだけがKAMとして取り上げられると，監査資源がより重要な事項に配分されないことになります。特に，有価証券報告書の「監査の状況」に関する記述情報で，監査役等がのれんの評価を主な検討事項としていない場合には，KAMとの不整合について機関投資家から説明を求められることも考えられます。財務報告に関するガバナンスをどのように実施しているかについて，経営者はもちろんのこと，監査役等もKAMとの整合性に留意すべきです。

②　取り上げるべきのれんの特定

次に，のれんが複数ある場合に，どれを特定すべきかについても企業と監査人の認識を共有しておくことが適切です。これも整合していないことによって，監査資源が適切に配分されない状況を招くからです。KAMとして，のれん全体を漠然と取り上げていないかどうかは，同じように留意したい点です。

③　着目すべき主要な仮定

さらに，会計上の見積りに関する主要な仮定についても，企業と監査人との認識を共有しておくことが適切です。もちろん，財務諸表を作成する視点と財務諸表を監査する視点とでは，着目すべき主要な仮定が変わることもあり得ます。しかし，合理的な理由がないにもかかわらず両者の認識が異なる場合には，重要な事項に企業側あるいは監査人側のリソースが適切に配分されないため，適正な財務報告を達成できない可能性や，内部統制が十分に構築・運用されない可能性があります。

(6) 見積開示会計基準はKAMの受け皿か

本章の⑩2(3)「KAMにおける企業の未公表情報の取扱い」において，監査人がKAMに企業の未公表情報を含める場合に，企業は監査人から当該情報を開示するように促されることを説明しました。その受け皿となる開示項目の1つに，見積開示会計基準に基づく注記があります。しかし，KAMにおける企業の未公表情報は，必ずしも見積開示会計基準に基づく注記で対応すべきものではありません。見積開示会計基準に基づく注記で対応することが不適切な場合もあるからです。

そもそも，見積開示会計基準は，会計上の見積りに関するKAMの受け皿として導入された制度ではありません。**第3章**で説明したように，見積開示会計基準に基づく注記とは，乖離幅・現実味・時間軸の要素を満たす会計上の見積りについて，財務諸表の利用者の理解に資する情報を開示することが目的でした。一方，KAMは当年度における監査プロセスの透明化が目的であるため，そもそも目的が異なります。両者の目的が合致する場合，すなわち，KAMが会計上の見積りに関するものであり，かつ，当該見積りが乖離幅・現実味・時間軸の要素を満たす場合にのみ，見積開示会計基準に基づく注記が企業の未公表情報の受け皿となりうるのです。

特に，時間軸の要素については注意が必要です。KAMは当年度の財務諸表監査において特に重要な事項と判断された事項であるため，会計上の見積りがKAMとして取り上げられる場合，その重要性は当年度におけるものです。これに対して，見積開示会計基準における開示項目は，翌年度の財務諸表に重要な影響を及ぼすリスクがあるものに着目するため，その重要性は翌年度におけるものです。このように時間軸の要素に照らしても，見積開示会計基準に基づく注記がKAMの受け皿として必ずしも適切ではないことが理解できます。

こうしたKAMと見積開示会計基準との関係について，のれんの評価を例に整理したものが，**図表5-4**です。それは，のれんの評価がKAMの対象とされるかどうか，また，見積開示会計基準に基づく注記の対象とするかどうかの観点から，4つのパターンに区分できます。

図表５－４　のれんの評価における見積開示会計基準とKAMとの関係

		見積開示会計基準	
		対象外	対象
KAM	対象	要注意 〈パターン４〉 当期の評価に重要性はあるが， 減損計上後の簿価ゼロ・少額	〈パターン３〉 当期の評価に重要性があり， かつ，３要素を満たす
	対象外	〈パターン１〉 当期も翌期も 減損の懸念なし	〈パターン２〉 相対的な重要性から 他の事項がKAMとされるケース

〈パターン１〉

左下の象限であるパターン１とは，のれんの評価がKAMの対象とされず，かつ，見積開示会計基準に基づく注記の対象としない場合です。監査人から，当年度の財務諸表監査においてのれんの評価が特に重要とは判断されていない状況です。また，企業による当年度ののれんの評価は，乖離幅・現実味・時間軸の要素をすべて満たさないため，見積開示会計基準の「開示する項目」として識別されることはありません。よって，KAMによる報告もなければ，注記による開示もありません。

〈パターン２〉

右下の象限であるパターン２とは，のれんの評価がKAMの対象とされていないものの，見積開示会計基準に基づく注記の対象としている場合です。KAMは当年度における相対的な重要性に基づき決定されるため，特に重要な事項が他にある場合には，のれんの評価が必ずKAMとして決定されるとは限りません。たとえ，のれんの評価に関する見積りが乖離幅・現実味・時間軸の要素をすべて満たしている場合であっても，KAMとして決定されないことがあります。

〈パターン３〉

右上の象限であるパターン３とは，のれんの評価がKAMの対象となるとともに見積開示会計基準に基づく注記の対象にもなる場合です。監査人から当年度の財務諸表監査において特に重要と判断される一方で，企業も３つの要素を満たす会計上の見積りであると判定している状況です。ここでのKAMに企業の未公表情報が含まれる場合には，見積開示会計基準に基づく注記として対応することが適切です。もっとも，見積開示会計基準に基づく注記に限ることなく，追加情報をはじめとしたその他の注記事項として対応することが適切な場合も考えられます。

〈パターン４〉

左上の象限であるパターン４とは，のれんの評価がKAMの対象とされているものの，見積開示会計基準に基づく注記の対象とはしていない場合です。つまり，のれんの評価に関する会計上の見積りが，乖離幅・現実味・時間軸の要素のすべて，または，一部を満たしていない状況です。

例えば，当年度にのれんをゼロ評価した場合，監査人は，財務諸表監査において当該評価が特に重要であると判断することがあります。しかしながら，のれんの帳簿価額がゼロとなったため，翌年度に減損となる事態は生じません。つまり，見積りの不確実性がなくなったのです。よって，見積開示会計基準に基づく注記の対象になりません。ここでのKAMに企業の未公表情報が含まれる場合には，見積開示会計基準に基づく注記以外の開示で対応する必要があります。「適正表示の枠組み」に基づき財務諸表の注記事項として開示することが適当なときには，追加情報をはじめとした注記事項で対応します。そうではないときには，記述情報で対応します。

注意したいのは，連結財務諸表の監査報告書に記載されるKAMとしてのれんの評価が取り上げられる場合に，個別財務諸表の監査報告書に記載されるKAMとして当該のれんと関連のある「関係会社株式の評価」が取り上げられるときです。このときに，監査人から，個別財務諸表における見積開示会計基準に基づく注記として「関係会社株式の評価」を開示項目とするよう求められる可能性があるからです。しかし，当該関係会社株式の評価が，見積りの乖離幅・現実味・時間軸の要素を満たさなければ，見積開示会計基準の「開示する項目」として識別することは適切ではありません。よって，それ以外の開示で対応することを検討する必要があります。特に，個別財務諸表の監査報告書におけるKAMにおいて，関係会社株式等の回収可能性が問題となるような状況には至っていない旨が記載されるときには，現実味も時間軸もないため，注意が必要です。

03 見積監査の対応で減損リスクに取り組まざるを得ない

(1) 減損に関するリスクマネジメントに迫られる

のれんの減損に関する継続的な開示コミュニケーションを効果的に行うためには，減損に関するリスクマネジメントが成熟している必要があります。成熟度が低い状況を開示することには，企業にとって意味がないからです。ましてや，リスクマネジメントの成熟度が低い実態でありながら，他社の開示事例を借用することによって成熟度が高いかのように開示することは虚偽記載です。

減損に関するリスクマネジメントの状況を開示するにあたって，リスクマネジメントの成熟度を高めていくことに社内で消極的な姿勢があるかもしれません。しかしながら，会計上の見積りに関する監査に対応していくことを通じて，そのような姿勢を貫けなくなる可能性があります。監査人から，リスクマネジメントの実施や検討に迫られる状況が想定されるからです。

これも，ネガティブな状況とは限りません。会計上の見積りに関する監査に対応することを通じて，リスクマネジメントの成熟度を高める機会として活用できるからです。これについて，次に説明していきます。

(2) 会計上の見積りに関する監査の動向

会計上の見積りに関する監査は，強化されています。それは，財務諸表が見積りの塊となっていることに起因しています。また，KAM と同じく，2008年の金融危機をきっかけとしています。

金融危機を受けて，当時のIAS 第39号「金融商品：認識及び測定」の見直しが行われました。特に金融機関では，当時，損失事象が発生してから引当金を計上する「発生損失モデル」が採用されていたことから，信用損失が適時に認識されなかったことに批判が集まっていました。そこで2014年７月に，将来に予想される信用損失を反映する「予想信用損失モデル」を採用したIFRS 第９号「金融商品」の最終版がリリースされました。

一方，監査人は，財務諸表監査の中で，予想信用損失モデルといった新しい見積手法に対して監査を行わなければなりません。また，金融機関以外の企業の財務諸表にも不確実性の高い複雑な見積りが増加しているため，監査リスクが高まっています。そこで，2018年６月に，国際監査基準（ISA）540「会計上の見積りと関連する開示の監査」が改訂されました。その内容は，日本の監査制度にも反映されます。2020年11月には企業会計審議会による監査基準の改訂が，また，2021年１月にはJICPA による監査基準委員会報告書540「会計上の見積りの監査」（以下，「改正監基報540」という。）の改正が行われます。

⑶ 「見積りの不確実性の理解」への監査対応

改正監基報540では，会計上の見積りに関する注記事項への検討手続が充実されています。その中でも第25項に定められた監査人の手続が，のれんの減損に関する企業の開示はもちろんのこと，それへのリスクマネジメントにも影響を及ぼすと考えられます。

そこでは，経営者が見積りの不確実性を理解しているかどうかを検討する監査手続の実施が要求されています（改正監基報540第25項⑴）。その具体的な手続として，次の３つが挙げられています（改正監基報540第Ａ109項）。

① 経営者が見積りの不確実性を理解しているか

経営者が見積りの不確実性を理解していることの検討にあたって，２つの事項を考慮することが挙げられています。

１つ目は，経営者が見積りの不確実性の原因を識別しているかどうかです。その原因が適切に識別される場合には，会計上の見積りに関する主要な仮定も適切に設定できると期待できるからです。

２つ目は，経営者が，①測定結果が変動する程度と，②その結果として合理的に生じうる測定結果の範囲とを評価しているかどうかです。①は感応度に，また，②は結果の範囲に相当します。ここから，感応度や結果の範囲を算定していない場合，経営者が見積りの不確実性を適切に理解していないと監査人から判断されかねないことがわかります。その結果として，監査手続が増加する可能性や，感応度や結果の範囲の算定を求められる可能性があると指摘できます。

②　複雑性や主観性の程度の特定とその対応

経営者が見積りの不確実性を理解していることの検討にあたって，経営者が見積りの測定プロセスにおける複雑性や主観性が重要な虚偽表示リスクに影響する程度を特定しているかどうか，また，それに対応できるスキルや知識，専門的な判断を備えているかどうかについて検討することも例示されています。

複雑性や主観性に対応できるスキルや知識については，社内の人材育成を通じて蓄積していく方法もあれば，社外のアドバイザーを活用する方法もあります。例えば，のれんの評価に関する見積りでは企業価値評価のスキルや知識を必要とする局面があります。改正監基報540によって，この点を補うために企業による専門家の利用が増える可能性があります。

また，複雑性や主観性に対応するための専門的な判断については，デュープロセスが重要です。例えば，利益を減らしたくないという動機に左右されることなく，その時点で最善を尽くした見積りが適切な手続に従って行われているかが問われます。経営者をはじめとする特定の者の独断によっていないことを明らかにするために，改正監基報540によって，のれんの評価に関する業務プロセスの内部統制やそのモニタリングが重視される可能性もあります。

③　適切な注記事項の選択

経営者が見積りの不確実性を理解していることについて，経営者が一定の見積額と見積りの不確実性に関連した開示とを適切に選択しているかどうかについて検討する手続も挙げられています。ここには，一定の見積額が適切な選択によって算定されていること，また，適切な開示を選択していることの２つのポイントがあります。

まず，一定の見積額が適切な選択によって算定されたかについては，のれんの評価でいえば，例えば，将来キャッシュ・フローの算定が挙げられます。関連する決算調書には，計算した表だけを記載するのではなく，主要な仮定として何を特定したか，指標やデータはどのように選択したかなどについても文書化しておくことが適切です。改正監基報540が強制適用となる2023年３月決算に係る財務諸表監査から，こうした文書化がより求められるようになる可能性があります。

次に，適切な開示を選択しているかについては，見積りの不確実性に関する説明だからといって見積開示会計基準に基づく注記を単純に選択できないことは何度も説明したとおりです。乖離幅・現実味・時間軸の要素を満たさなければ，その他の注記として開示することが適当な場合もあるからです。こうした検討過程を明らかにするためには，注記事項についても結果だけではなく，根拠や検討の過程などをまとめた決算調書がより重視される可能性もあります。

なお，監査対応が後手に回る企業に共通する特徴の１つに，こうした文書化が徹底されていない点が挙げられます。例えば，主要な仮定として特定した事項が前年度と異なる場合や，見積りの情報源が当年度に変更されている場合など，合理的な説明がないにもかかわらず継続性が保たれていない状況です。こうした状況は，前年度やそれ以前の年度の見積りにおいて算定シートは作成されているものの，その根拠や検討過程が示されていないため，前回にどのように見積りを行ったかを振り返ることができないことから生じています。これに対して，監査人サイドでは，各年度の監査調書に当時の見積りの結果はもちろんのこと，その検討過程や情報源なども記録されているため，当時の見積りとの継続性を容易に把握できる体制が整っています。また，その継続性を前提として監査を実施します。だからこそ，「前年度における主要な仮定が当年度に入って大きく乖離しているため，減損の検討をしてください」と指摘されるのです。

もっとも，こうした文書化は監査対応として行うのではなく，然るべきリスクマネジメントのもとで自ずと実施されるものです。つまりは，リスクマネジメントの成熟度に検討の余地があるといえます。

(4)「見積りの不確実性への対処」への監査対応

改正監基報540第25項(2)には，経営者が見積りの不確実性に対処しているかどうかを検討する監査手続も示されています。経営者による一定の見積額と見積りの不確実性に関連した開示についての論点は，「文書化」「外部の情報源」「複数のシナリオ」「感応度，結果の範囲」の４点に整理できます。

①　文書化

経営者が使用した見積手法とデータは適切に選択されたものか，また，使用した評価属性は適切かつ網羅的であるかを明らかにするためには，文書化が不可欠です。気をつけたいのは，減損に関する決算資料に，計算結果しか示されていない場合です。このように計算の根拠や検討過程も示されていない場合には，それについての質問が飛んでくることが容易に想定できるため，あらかじめ手当しておくことが適切です。あるいは，監査人から決算資料にそれらの明記を求められる可能性もあります。

②　外部の情報源

見積りに使用された仮定は，適合性および信頼性のある適切なデータによって裏づけが求められる場合があります。つまり，会計上の見積りにあたって，外部の情報源に基づき仮定を置くことが前提とされていると理解できます。

このことは，2020年５月11日付でASBJからリリースされた議事概要「会計上の見積りを行う上での新型コロナウイルス感染症の影響の考え方（追補）」にも読み取ることができます。当時，新型コロナウイルス感染症の今後の広がり方や収束時期等を予測することは困難であったため，特に将来キャッシュ・フローの予測が極めて困難な状況でした。こうした状況における会計上の見積りの留意事項として，４点が示されました。第１点は，新型コロナウイルス感染症の影響のように不確実性が高い事象についても，一定の仮定を置き最善の見積りを行う必要があることでした。続く第２点は，次のとおり，一定の仮定についての説明です。

> ⑵　一定の仮定を置くにあたっては，外部の情報源に基づく客観性のある情報を用いることができる場合には，これを可能な限り用いることが望ましい。ただし，新型コロナウイルス感染症の影響については，会計上の見積りの参考となる前例がなく，今後の広がり方や収束時期等について統一的な見解がないため，外部の情報源に基づく客観性のある情報が入手できないことが多いと考えられる。この場合，新型コロナウイルス感染症の影響については，今後の広がり方や収束時期等も含め，企業自ら一定の仮定を置くことになる。

第１文から，会計上の見積りにおける仮定には外部の情報源の利用が前提とされていることが理解できます。ただし，新型コロナウイルス感染症の場合，前例がなかったこと，また，感染拡大の最中に決算期を迎える企業が多かったことから，その感染拡大の広がりや収束時期などに関する外部の情報源が利用できない状況でした。そのため，「企業自ら」一定の仮定を置くことが示されているのです。

このような状況について，日本証券アナリスト協会は，2020年５月14日付で公表した「新型コロナウイルス感染症と企業開示について」の中で，「2020年３月期の財務諸表については，例年に比べてはるかに高い不確実性の下で作成されて」いることを指摘します。それは，外部の情報源に基づかない見積りであるため，「財務諸表のリスクをよりよく理解するためには，作成者がどのような仮定を置いて会計上の見積りを行ったかについて知る必要がある」と情報開示を求めているのです。

監査人によるKAMでは，新型コロナウイルス感染症の例ではないものの，見積りで用いた外部の情報源を具体的に示した事例があります。**開示事例５－７**のとおり，企業は，可能な限り，客観性のある情報を根拠として会計上の見積りに努めている状況が読み取れます。

開示事例５－７　のれんの減損を判定する単位の変更に関するKAM事例

監査上の主要な検討事項の内容及び決定理由（抜粋）
将来キャッシュ・フローの見積りにおける重要な仮定は，当企業買収に係る将来のシナジー効果である。シナジー効果としては，顧客への拡販や新製品の開発等による販売数量の拡大，生産性向上や購買改善等による原価改善等を見込んでいる。
監査上の対応（抜粋）
・シナジー効果の発現については，買収時に想定したシナジー創出のための施策の進捗状況について経営者と議論するとともに，販売数量の拡大，原価改善等の主要なインプットについて，見積りの前提となるエビデンス（自動車市場全体の成長率に関する外部調査機関のレポート，顧客からの見積依頼情報，原価率の改善の事実を示す情報等）との整合性の確認を実施した。

（出所）　太平洋工業㈱（日本基準）の2021年３月期の連結財務諸表に対して，有限責任監査法人トーマツが監査報告書に報告したKAM「のれんの評価」からの一部抜粋。なお，原文では左右に対比した表形式としているが，掲載の便宜上，縦方向の記載とした。

また，他のKAM事例についても，外部の情報源の利用に関して具体的に記載しているものがあったため，**図表５－５**に整理しました。このような記載から，会計上の見積りにあたって用いる外部の情報源についてイメージしやすくなります。

図表5－5　外部の情報源の利用を具体的に示したKAM事例の主なもの

	被監査会社	会計基準	監査人	KAM	外部の情報源の利用に関する記載
1	味の素㈱	IFRS	有限責任 あずさ監査法人	味の素フーズ・ノースアメリカ社の取得に伴って発生したのれん並びに味の素AGF株式会社の取得に伴って発生したのれん及び耐用年数を確定できない無形資産の評価に関連する回収可能価額の見積りの合理性	将来の事業計画の前提となる売上高及び事業利益率の仮定について，過去の売上高及び事業利益率の実績と比較するとともに，売上高の仮定について外部の調査機関から各社が入手した情報との整合性を確かめることによる，経営者による仮定の批判的な検討
2	旭化成㈱	日本基準	PwCあらた有限責任監査法人	Polypore International, LPの買収により認識されたのれんに関する減損の兆候の有無	環境対応車市場の拡大規模と時期の基礎となった買収時と現在の市場予測について，外部調査機関が公表している環境対応車の生産台数予測データとの整合性を検証した。
3	エーザイ㈱	IFRS	有限責任監査法人トーマツ	のれん評価（アメリカス医薬品事業）	計画数値の前提となる患者数・処方数等について，外部機関の集計しているデータを閲覧
4	テルモ㈱	IFRS	有限責任 あずさ監査法人	血液・細胞テクノロジーカンパニーに係るのれんの減損損失の認識の要否に関する判断の妥当性	血液・細胞テクノロジーカンパニーの成長予測について，外部調査会社による市場成長率と比較し，当該仮定の合理性を評価した。
5	Zホールディングス㈱	IFRS	有限責任監査法人トーマツ	LINE株式会社との企業結合取引	当該事業計画の重要な仮定のうち，特に売上収益の見積りにおける重要な仮定について，ソーシャルメディア広告市場の成長率といった利用可能な外部データとの比較検討，過去実績との比較分析，同業他社との比較分析を実施し当該見積りの合理性を検証した。
6	ENEOSホールディングス㈱	IFRS	EY新日本有限責任監査法人	SCM Minera Lumina Copper Chileにおける減損損失	銅価格については，観察可能な市場価格，過去の傾向及び外部機関による市場予測を考慮した経営者の予測に基づき見積りを行っており，割引率は貨幣の時間価値及び固有のリスクに関する現在の市場評価を反映している。
7	パナソニック㈱	IFRS	有限責任 あずさ監査法人	ハスマン事業部に係るのれんの減損損失の認識の要否に関する判断の妥当性	市場予測について，外部の調査会社による市場調査結果と比較した。
8	SOMPOホールディングス㈱	日本基準	EY新日本有限責任監査法人	海外保険事業に関するのれんの評価	海外保険事業における元受保険市場及び再保険市場の見通しや新型コロナウイルス感染症の影響等について，利用可能な外部機関情報に基づき検討した。
9	KDDI㈱	IFRS	PwC京都監査法人	のれんの回収可能性	経営者が使用する成長率について，該当国における一般的な市場予測及びセクター特有の市場予測との比較を通じた評価
10	セコム㈱	日本基準	有限責任 あずさ監査法人	セキュリティサービス事業及びBPO・ICT事業に関するのれん及びその他の無形固定資産の減損の兆候に関する判断	各連結子会社の買収時点の事業計画の前提となったセキュリティサービス事業及びBPO・ICT事業の将来の事業の成長見込みについて，買収以降の実績及び外部機関が公表している各市場の翌連結会計年度以降の将来予測と比較し検討した。

（注）いずれも対象年度は2021年３月期である。なお，一部，外部の情報源について経営者が入手したものを利用したか，監査人が独自で入手したかが判別できないものも含まれているが，今後の実務に資することから掲載した。

③　複数のシナリオ

経営者の見積額が，合理的に生じうる測定結果の中から適切に選択されていることが問われる可能性もあります。つまり，複数のシナリオ・プランニングを前提しているものと考えられます。たった１つのシナリオでは，測定結果を選択しようがないからです。

のれんの減損に関する会計上の見積りについても，複数のシナリオによって分析しておくことが適切です。例えば，企業買収を実行する時点における企業価値評価のシナリオ分析が挙げられます。買収先の企業価値について，ベースとなるシナリオに基づく評価のみによって意思決定が行われることはないでしょう。そのような企業買収の進め方では，社外取締役から指摘を受けることが必至のため，実行にも移されないと推測されます。こうしたベース・シナリオだけではなく，成功を想定したベスト・シナリオに基づく評価や，失敗を想定したワースト・シナリオに基づく評価も行ったうえで，これらの発生確率を踏まえながら企業買収に関する意思決定が行われるものと考えられます。

また，企業買収を実行した後では，買収先の業績予測におけるシナリオ分析が考えられます。合理的に考えられるシナリオを主軸にしながらも，業績が下振れするシナリオを複数のケースで分析することもあれば，急激な悪化でありながらももっともらしいシナリオを分析することもあるでしょう。あるいは，最悪なシナリオについて検討が必要な状況もあるかもしれません。

従来，１つのシナリオに基づき会計上の見積りを行っていた企業では，改正監基報540によって，監査人から複数のシナリオを分析したうえで，合理的な見積りを選択することが求められる可能性があります。このような監査対応は，リスクマネジメントの成熟度を高めていく機会として活用できます。

④　感応度，結果の範囲

のれんの評価に関連する注記事項に対して，監査人は見積額が適切に記載されているか，また，見積プロセスの内容と制約が適切に説明されているかを検討します。当該プロセスには，合理的に生じうる測定結果がどの程度変動しうるかも含まれます。

こうした監査への対応のみならず，リスクマネジメントとしても，会計上の見積りに関する感応度分析を実施することやその結果の範囲を検討することが有用です。これらに取り組んでいなかった場合には，監査人から実施の要請を受けるような事態も想定されます。これに備えて，すなわち，監査対応を契機として，開示の十分度やリスクマネジメントの成熟度を高めていくことができます。

(5) 経営者が適切に理解・対処していない場合

もしかすると，これまで説明してきた改正監基報540への対応について，財務諸表の作成責任は企業にあるため，どのようなやり方でも支障がないと考えるかもしれません。監査人からの要求に応える必要はないと誤解することもあるでしょう。

しかしながら，企業は，見積りの不確実性に関して適切に理解または対処しないわけにはいきません。改正監基報540第26項において，経営者が見積りの不確実性に関して適切に理解または対処していないと判断した場合における監査人の対応が示されているからです。そのポイントは，次の２つです。

① 監査人からの実施要請

監査人から，追加的に代替的な仮定を検討することや，感応度分析を実施することなどが要請される可能性があります（改正監基報540第Ａ115項)。

もちろん，あくまでも可能性であるため，必ず要請されるものではありません。しかし，いったん要請される段階に至った場合にこれに応じなければ，監査人から監査証拠が得られないと判断される結果，監査意見にも影響が及びかねません。したがって，要請に応じない合理的な理由を見出すのは困難です。

② 監査人による見積額または許容範囲の設定

監査人は，経営者が見積りの不確実性に十分に対処していないと判断した場合，実施可能な範囲で，監査人自ら見積額または許容範囲を設定することがあります（改正監基報540第26項⑵）。そのため，上記①の監査対応を回避すべく，監査人が見積額や許容範囲を設定すればよいといった反論もあるかもしれません。

しかし，そもそも，監査人が見積額または許容範囲を設定することが，実務的に不可能な場合があります（改正監基報540第Ａ116項）。また，可能であったとしても，それが経営者の責任を引き受けることになりかねないため，独立性の規定に抵触する場合もあります。さらに，監査人からの実施要請に応えず，また，監査人による見積額または許容範囲の設定が困難な場合には，適正意見が表明されないリスクを抱えることになります（改正監基報540第Ａ117項）。このような事態に陥らないためには，のれんの減損について監査人と早期から協議を進めておくことが重要です。

⑹　会計上の見積りに関する監査対応

改正監基報540，つまり，これからの会計上の見積りに関する監査への対応として，大きく「主要な仮定の特定」「感応度，結果の範囲の検討」「文書化」の３点に整理できます。

①　主要な仮定の特定

会計上の見積りに関する主要な仮定を特定することが不可欠です。のれんの減損に関する継続的な開示コミュニケーションにおいても必須の情報と考えられます。

主要な仮定は，可能な限り，外部の情報源によって裏づける姿勢が重要です。企業が自ら一定の仮定を置くのは，外部の情報源が得られない場合に限られます。最善の見積りを尽くすために，また，適切なリスクマネジメントを実施するために，外部の情報源を十分に活用した見積りが必要です。

また，その見積りにあたっては，複数のシナリオを立案することが欠かせません。たった１つのシナリオでは，監査人から見積りの不確実性に対処していないと判断されかねないからです。企業が置かれた状況に適したシナリオを複数立案することが重要です。

さらに，のれんの評価に関する主要な仮定では，企業価値評価の手法が必要な場合があるため，専門家の利用についても積極的な検討が望まれます。KAMの事例では，監査人が属するネットワーク・ファームの企業価値評価の専門家を関与させた旨を報告したものが多く見受けられます。当該専門家からの質問に対応するためには関連分野の知識やスキルが欠かせないため，企業も企業価値評価の専門家を活用する場面が増えてくる可能性があります。

② 感応度，結果の範囲の検討

企業が感応度や結果の範囲について検討していることが想定されており，また，検討していない場合には実施が要請される可能性もありました。のれんの減損に関する継続的な開示コミュニケーションにあたって，主要な仮定が変動することでどのような影響が及ぶかは把握しておくべき事項です。

そのため，感応度や結果の範囲の検討が，のれんの評価に関する業務プロセスに組み込まれていることが適切です。これらの検討が業務の一環としてデザインされていなければ，期待した運用を望むことができません。また，企業買収を実行した後のモニタリングとしても，主要な仮定の変動について注視する必要があります。

③ 文書化

改正監基報540への対応は，のれんの評価に関する決算資料の作り方を見直す機会として活用できます。特に計算した表だけを記載している場合，翌年度以降に振り返るときに当時の検討の状況が明らかではないことがあります。その結果，首尾一貫した会計上の見積りが行えなくなる可能性があります。

まずは，主要な仮定を明示することが必要です。のれんの評価にあたって主要な仮定は何か，それはどのように設定されたかなどについて，決算資料に記載することが適切です。その観点では，文章による説明が従来よりも増加するものと推測されます。

また，適切な手続を経ていることも重要です。専門的な内容だからといって特定の者しか理解できないようでは，適正な財務報告を行う体制にないと判断されかねません。自己点検の利用も含め，担当者以外の者から統制が機能するような体制が適切です。

04 「ありのまましか開示できない「その他の記載内容」」

(1) その他の記載内容に対する手続強化

のれんの減損に関する継続的な開示コミュニケーションでは，実態をそのまま記載します。例えば，のれんの評価において減損損失を計上する手前の状況であった場合に，記述情報で「減損の兆候がない」「主要な仮定が合理的に起こりうる範囲で変化しても，帳簿価額が回収可能額を上回ることになるとは考えていない」などと実態と異なる内容を記載すると，監査人から指摘を受けます。また，実態と異なる内容を記載したままで修正しなければ，その事実が監査人の監査報告書で報告されてしまいます。

従来から，監査人は，財務諸表以外の記載を通読する手続を実施していました。その対象は，有価証券報告書でいえば，財務諸表と監査報告書以外の箇所です。これを「その他の記載内容」と呼びます。監査人が「その他の記載内容」を通読するのは，監査した財務諸表に含まれる情報と矛盾している内容が記載されていないかどうかを確かめるためです。仮に，矛盾した内容が記載されていた場合，財務諸表に重要な虚偽表示がある，もしくは，「その他の記載内容」に重要な誤りがあることになります。財務諸表に重要な虚偽表示があるときには，監査意見の見直しが必要な場合があります。適正意見が表明できなくなる事態もあるでしょう。一方，「その他の記載内容」に重要な誤りがあるときには，監査した財務諸表が含まれる開示書類の信頼性が損なわれます。そのため，監査人は，財務諸表監査の保証対象ではないものの，「その他の記載内容」についても通読していました。

近年,「その他の記載内容」の重要性が高まり，また，その記載の充実が図られているため，財務諸表に含まれる情報以外の情報が多様化しています。そうした中で，2015年４月に，国際監査・保証基準審議会（IAASB）は，次の３点を求めるために，国際監査基準（ISA）720「その他の記載内容における監査人の責任」を改訂しました。

- 監査人が「その他の記載内容」の多様な範囲を考慮することに関して，世界中でより一貫性を持たせることによって，監査の品質を向上させること
- 監査人の「その他の記載内容」に関する責任の強化を通じて，費用対効果の観点から，監査範囲を変更することなく，監査の価値を高めること
- 改訂版ISA720に基づく責任と「その他の記載内容」に関連する手続の結果について監査報告書への明示を監査人に要求することによって，透明性を向上させること

これを受けて，2020年11月に日本の企業会計審議会は監査基準を改訂しました。また，2021年１月にJICPAが監査基準委員会報告書720「その他の記載内容に関連する監査人の責任」(以下,「改正監基報720」という。）を改正した結果，国際監査基準720と同内容の実務指針が策定されました。こうして監査人の手続が変更されたことから，企業は「その他の記載内容」に財務諸表やその会計処理と異なる情報を開示することが現実的に不可能となったのです。

⑵　改正監基報720に基づき実施される手続

改正監基報720によって，監査人は「その他の記載内容」を通読するだけではなく，その内容の検討を行うことが必要となりました。その検討にあたって,「その他の記載内容」に含まれる情報は，次の３タイプに整理されます。

〔タイプ１〕財務諸表に関連する情報

１つ目のタイプは，財務諸表に関連する情報です。これは，従来から通読の対象とされていたものです。改正監基報720では「財務諸表の数値又は数値以

外の項目と同一の情報，要約した情報又はより詳細な情報」と説明されています。例えば，財務諸表の抜粋を含む図表やグラフが挙げられます。また，財務諸表に表示された残高や勘定の内訳を示す場合もこれに該当します。

監査人は，このタイプ１の情報に対して，財務諸表における当該数値または数値以外の項目と比較することによって，「その他の記載内容」と財務諸表の間に重要な相違があるかどうかを検討します。

〔タイプ２〕監査人の知識に関連する情報

２つ目のタイプは，監査人が監査の過程で得た知識に関連する情報です。これは，新たに通読・検討の対象とされたものです。例えば，生産や受注に関する金額や物量，販売に関する物量などに関する開示が挙げられます。新製品を発売したことや主要な事業拠点を示すことなどが該当します。のれんの評価に関しては，経営者が減損テストで使用した仮定を検討する場合に含まれる将来キャッシュ・フローも含まれます。

このように，事業の予測や将来キャッシュ・フローのように，のれんの評価における主要な仮定は，必ずしも財務諸表の数値や注記として開示される情報ではありません。見積開示会計基準に基づく注記であっても，それらの記載は必須ではありません。しかしながら，監査人はのれんの評価に対する監査の過程で，こうした情報を知り得ています。タイプ２の情報であっても，関連する情報を知り得ている以上は，監査人は，重要な相違の有無について検討することが要求されます。よって，事業の予測に関する記述情報において，のれんの評価で用いたものよりも楽観的な状況を記載した場合には，この監査人の検討によって重要な相違があると指摘されるのです。

〔タイプ３〕それら以外の情報

３つ目のタイプは，タイプ１，タイプ２以外の情報です。その例示として，「温室効果ガスの排出に関する記述」が挙げられています（改正監基報720第Ａ37項)。ただし，注意したいのは，これが必ずしもタイプ３に該当するわけではない点です。**第６章**や今後のサステナビリティ関連の開示の動向によっては，むしろ，タイプ１やタイプ２に属する情報となる可能性があります。

このタイプ３に対して監査人に求められる手続は，重要な誤りがあると思われる兆候に注意を払うことです。タイプ１やタイプ２のように，重要な相違の有無を検討することは求められていません。タイプ３のように財務諸表や監査人の知識には関連しない情報についてまで，監査人に積極的な証拠の入手を要求しないよう配慮したものと考えられます。

なお，改正監基報720第11項⑵には，「その他の記載内容の誤り」とは，不正確な記載や誤解を生じさせる記載はもちろんのこと，「その他の記載内容」に開示された事項の適切な理解のために必要な情報を省略している場合や曖昧にしている場合も含まれることが明記されています。のれんの減損に関する継続的な開示コミュニケーションにあたっても，省略や曖昧という点にも留意が必要なことが理解できます。

⑶　重要な相違は押し通せない

改正監基報720に基づき実施した手続の結果，監査人は，監査した財務諸表と「その他の記載内容」との間に重要な相違があると思う場合や，重要な誤りがあると思われる「その他の記載内容」に気付く場合があります。まだ重要な相違があるとは判断していない段階です。このとき，監査人は，重要な相違について経営者と協議することによって，次のいずれの状況に該当するかを判断します。

①　「その他の記載内容」に重要な誤りがある
②　財務諸表に重要な虚偽表示がある
③　監査人の企業および企業環境に関する理解を更新する必要がある

このうち，②や③と判断した場合には，他の監査基準委員会報告書に従って対応が行われます。これに対して，①と判断した場合には，監査人は経営者に対して，「その他の記載内容」を修正するよう要請します。ここで経営者が修正に同意しないときは，監査人は監査役等に対して，「その他の記載内容」に重要な誤りがあることを報告するとともに，修正を要請します。

それでも「その他の記載内容」が修正されない場合には，監査報告書を提出する前に監査契約を解除する対応も考えられます。また，監査契約を解除せずに監査報告書を提出する場合には，監査報告書の「その他の記載内容」に関する箇所において，修正されていない重要な誤りの内容が記載されます。

ここまで説明した「その他の記載内容」に関する監査人の手続は，**図表5－6**のとおり，整理できます。

図表５－６　**その他の記載内容に関する手続の概要**

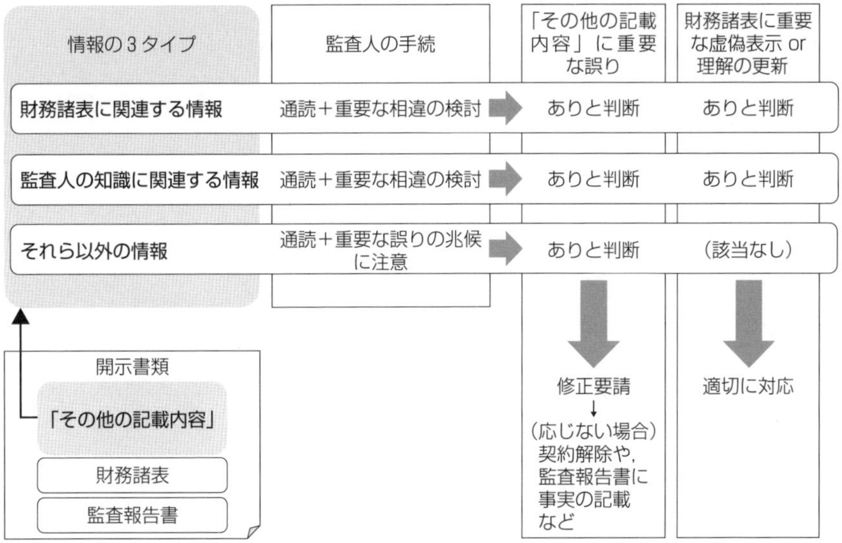

このように監査報告書の中で「その他の記載内容」に関する重要な誤りの事実が明記されるため，のれんの減損に関する継続的な開示コミュニケーションにおいて，実態よりも良い状態として見せかけるといったことを押し通せないのです。また，必要な情報を省略することもできなければ，曖昧にすることもできません。ありのままを開示するしか選択肢はないのです。のれんの減損リ

スクに対するマネジメントが未成熟な場合には，その状況がそのまま開示されることとなります。したがって，開示コミュニケーションの充実には，そのマネジメントを成熟させることが最も効果的です。

05 企業が採るべき最も経済合理性のある選択肢

のれんの減損に関する継続的な開示コミュニケーションを実践するためには，**図表5－7**のとおり，リスクマネジメントと開示のマトリックスにおいて，まず，左下の象限の状態から左上の象限の状態に移行し，次に，左上の象限から右上の象限に移行する必要があります。

図表5－7　リスクマネジメントと開示のマトリックスに基づく移行順序

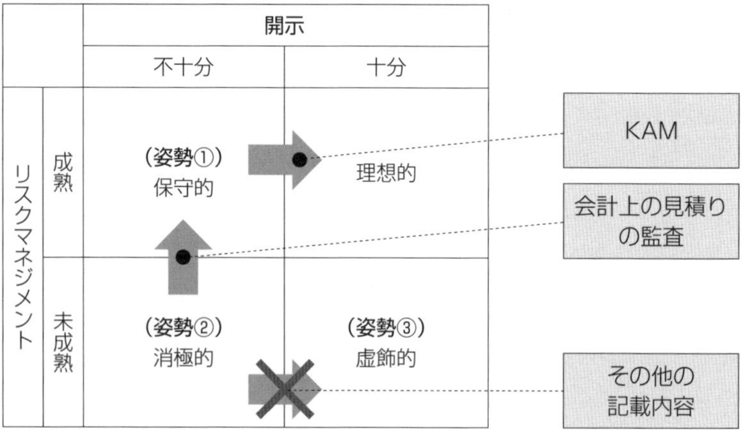

この移行は，監査対応を通じて実行できる可能性があります。特に，減損に関する継続的な開示コミュニケーションの実現に社内の理解が得られていない場合には，監査対応を活用できることは，ここまで説明してきたとおりです。例えば，情報を公表しないでいようとする（姿勢①）に対しては，KAMの報

告にあたって監査人から未公表情報の開示が促されます。また，それに応じないときでも，監査人が必要と判断された場合にはKAMの報告に含まれます。KAMによって（姿勢①）が貫けなくなるばかりか，KAMで報告される内容と整合を図るために，減損に関する継続的な開示コミュニケーションを行うように働きかけることもできます。

また，リスクマネジメントの成熟化に取り組まない（姿勢②）に対しては，会計上の見積りに関する監査に対応することを通じて，感応度や結果の範囲の検討に取り組むことができます。監査対応をきっかけに，のれんの減損に関するリスクマネジメントを業務プロセスに組み込むことができれば，減損に関する継続的な開示コミュニケーションを実践しやすくなります。

さらに，財務諸表と整合しない記述情報を開示しようとする（姿勢③）に対しては，「その他の記載内容」に対する手続を通じて，不整合のある開示の修正が求められます。それに応じなければ，監査報告書でその事実が報告されるため，不整合のある開示を押し通せません。リスクマネジメントの実態をありのままに記載するしかないため，その成熟度を高める方向に向かう契機となります。

機関投資家は多くの財務報告を分析しています。その過程で，どのような姿勢の企業かを判別することもできます。いち早く，のれんの減損に関する継続的な開示コミュニケーションを実践することが，最も経済合理性のある選択肢です。

第 6 章 気候変動が減損に与える影響

01 気候変動は金融リスクと認識すべし

02 IFRS 会計基準と気候変動リスク

03 のれんの減損開示における気候変動リスク

04 Are You Ready?

01「気候変動は金融リスクと認識すべし」

(1) 座礁資産

「座礁資産」(Stranded Assets) という言葉をご存じでしょうか。これを知らなければ，気候変動に関する過去からの経緯をキャッチアップする必要があります。なぜなら，気候変動が財務諸表に影響することの意味が理解できないからです。

座礁資産は，2011年に，国際環境NGOであるカーボントラッカー（Carbon Tracker）によって紹介された金融用語・環境用語です。低炭素経済への移行に伴って，化石燃料の需要や価格が低下すると予想されます。このとき，化石燃料に関連する資産は，当初の経済的耐用年数が経過する前に回収が見込めなくなります。このような状態となった資産が「座礁資産」と呼ばれます。

カーボントラッカーは，2011年に「Unburnable Carbon: Are the World's Financial Markets Carrying a Carbon Bubble？」（仮訳「燃やせない炭素：世界の金融市場は炭素バブルを運んでいるか？」）という報告書を発表しました。その前年の2010年12月，メキシコの都市カンクンで開催された第16回国連気候変動枠組条約締約国会議（COP16）において，産業革命以前の水準から摂氏２度までの気温上昇を約束すること，また，近い将来にその上限を1.5度に引き下げることについて検討することが合意されていました。平均気温の上昇を摂氏２度以内に抑えるには，炭素すなわち化石燃料の使用を大幅に削減する必要があります。その結果，石油や石炭といった炭素が埋蔵されたまま，つまり，燃やせない化石燃料となるため，その資産価値を失います。こうして経済的な価値を失う資産について，「座礁資産」と呼んだのです。

金融機関にとっては，座礁資産を有する企業への貸付は回収不能となるリスクを抱える可能性が考えられます。このように，金融市場において気候変動が金融リスクとして認識されるようになったのです。これが，その後の石炭関連の事業に対する融資の制限や禁止といった方向性に進んでいきます。また，関連する事業や企業への投資の撤退（ダイベストメント）が活発化していきます。

気候変動リスクが金融機関や機関投資家による投融資に直接的な影響を及ぼすとなると，財務諸表に計上される項目の評価にも関連してきます。また，企業に対して，そのようなリスクの有無，リスクの内容，財務的な影響についての開示を求める動きにもつながります。

(2)　TCFD の設立とパリ協定

気候変動が金融リスクであるとの認識が広まる中，2015年４月，Ｇ20財務大臣・中央銀行総裁会議は，金融安定理事会に対して，金融セクターが気候関連の問題をどのように考慮していくべきかの検討を要請します。金融安定理事会による検討の結果，同年12月４日に，気候関連の情報開示および気候変動への金融機関の対応を検討するために TCFD（Task Force on Climate-related Financial Disclosures：気候関連財務情報開示タスクフォース）が設立されました。

この直後の12月12日に，第21回国連気候変動枠組条約締約国会議（COP21）で「パリ協定」(Paris Agreement）が採択されました。これは，2020年以降の温室効果ガス排出削減等のための新たな国際枠組みです。2016年４月には日本を含む175の国や地域の政府が署名し，また，同年11月に発効に至ります。ここまで多くの政府が署名していることからも，気候変動リスクに対する認識が当時から世界中で共有されていたことが理解できます。

パリ協定の目的は，気候変動の脅威に対する地球規模の対応を強化することです。具体的な内容は，次の３点（環境省による和文）です。

- 世界全体の平均気温の上昇を工業化以前よりも摂氏２度高い水準を十分に下回るものに抑えることならびに世界全体の平均気温の上昇を工業化以前よりも摂氏1.5度高い水準までのものに制限するための努力を，この努力が気候変動のリスクおよび影響を著しく減少させることとなるものであることを認識しつつ，継続すること

- 食糧の生産を脅かさないような方法で，気候変動の悪影響に適応する能力ならびに気候に対する強靱性を高め，および温室効果ガスについて低排出型の発展を促進する能力を向上させること
- 温室効果ガスについて低排出型であり，および気候に対して強靱である発展に向けた方針に資金の流れを適合させること

また，パリ協定の第4条第1項に，今世紀後半には，人間が排出する温室効果ガスと人間が吸収するそれとをバランスさせることが示されています。ここに，温室効果ガスの排出を実質的にゼロとする，「ゼロ・エミッション」が謳われています。一方で，国連は「Race To Zero」と称するグローバル・キャンペーンを通じて，2030年までに炭素の排出量の半減を，また，遅くとも2050年までに排出量ゼロの達成を約束することを呼びかけています。

その後，世界の多くの国や地域の政府が，気候変動への対応として，パリ協定の目指す方向に動き出します。世界の平均気温の上昇を産業革命以前の水準より摂氏2度を大幅に下回る水準に抑えるシナリオに沿う形で，各国の政府は，温室効果ガスの低排出や脱炭素に向けた政策や規制を打ち出しています。企業は，こうした環境の下で事業活動を行い，また，その活動結果として財務報告を行っていくのです。もちろん，気温上昇の原因や温室効果ガスの排出との因果関係，気候変動との関係などを疑問視する声もあるでしょう。しかし，こうしてルールメイクされた以上，それを無視した企業活動や財務報告を貫くことは市場から排除されるリスクを高めるだけです。

(3) TCFDによる提言

2017年6月になると，TCFDは最終的な提言として「Recommendations of the Task Force on Climate-related Financial Disclosures」（気候関連財務情報開示タスクフォースによる提言）を公表します。

ここで気候関連リスクが，「移行リスク」（Transition Risks）と「物理的リスク」（Physical Risks）とに大別されました。移行リスクとは，低炭素経済へ

と移行するに伴い，政策や法規制などが変化することによって企業にもたらされるリスクです。経済的な価値を失った「座礁資産」が生じることもあれば，継続が困難となる事業もあるでしょう。一方，物理的リスクとは，洪水や台風などによって資産が物理的に損傷するリスクや，海水面の上昇によって本社ビルや工場，倉庫などの立地に支障をきたすリスクなどが挙げられます。ただし，気候関連にはリスクだけではなく，機会もあると指摘します。移行リスクや物理的リスクに対応した価値提供が行える場合には，むしろ収益獲得のチャンスにもなるからです。気候変動によってもたらされる財務上のプラス面とマイナス面の双方を検討する必要があります。

この提言では，こうした気候関連のリスクおよび機会による財務的な影響についての開示を求めています。開示にあたって推奨された事項は，企業運営の中核的要素である「ガバナンス」「戦略」「リスク管理」「指標と目標」の４つです。これらを有価証券報告書で開示する場合には，その前半部分に相当する記述情報が該当します。なお，2022年５月23日に開催された金融審議会「ディスクロージャーワーキング・グループ」（第９回）で示された報告書（案）には，有価証券報告書の記述情報の箇所にサステナビリティ情報の記載欄を新設すること，また，気候変動対応が重要であると判断する場合には「ガバナンス」「戦略」「リスク管理」「指標と目標」の枠で開示すべきことが盛り込まれています。

TCFDが財務諸表における開示を求めているわけではないため，経理部門をはじめとした財務諸表の作成部署にとっては関係がないことだと考えるかもしれません。しかし，それは間違いです。「座礁資産」という用語からも，会計上の項目の評価に影響することが想像できます。また，温室効果ガスの排出量をどの水準に抑えるかのシナリオによっては，固定資産の減損会計や繰延税金資産の回収可能性，継続企業の前提など，将来キャッシュ・フローの見積りにも影響が及びます。つまり，気候変動リスクは会計処理や注記事項にも関連するものと考えられるのです。これについては，IFRS会計基準の適用に関する考え方が参考にできます。

02 IFRS 会計基準と気候変動リスク

(1) ニック文書

気候変動が財務諸表に関連する事項であると説いた文書が，世界中の機関投資家やアカウンティングファームから支持されています。それは，2019年11月に，IASB（国際会計基準審議会）のウェブサイトに掲載された「In Brief：IFRS Standards and climate-related disclosures」（仮訳：IFRS 基準と気候変動関連の情報開示の概要）（以下，「ニック文書」という。）です。

この文書は，IASB メンバーであるニック・アンダーソン（Nick Anderson）氏によって作成されたものです。彼は，バイサイドの投資家としての経歴を持ち，また，英国の会計基準審議会のメンバーも務めていました。当時，投資家やその他の利害関係者から IASB に対して，気候変動が IFRS 会計基準に明記されていないことについての問い合わせが増えていました。これに答えたものがニック文書です。結論は，IFRS 会計基準には「気候変動」という言葉は含まれていないものの，それに関連する事項を扱っている，というものでした。

ニック文書では，IFRS 会計基準における重要性の判断が適用されると説明しています。IFRS 実務記述書第２号「重要性の判断の行使」にも述べられているように，機関投資家の期待によって特定のリスクが重要な場合，そのリスクの数値的な影響にかかわらず，財務諸表における開示が求められることもあると指摘します。また，ニック文書では機関投資家は彼らの意思決定に気候変動リスクが重要であると表明していることから，気候変動リスクについては CSR 報告の問題としてだけではなく，財務諸表の文脈でも考慮する必要があるとの見解を示しました。つまり，気候変動リスクが重要でもある場合には，会計処理として財務諸表に反映する必要や，注記事項として財務諸表に開示する必要が考えられるのです。

さらに，ニック文書において，気候変動リスクを財務諸表に反映するような会計上の論点として真っ先に挙げられたのが，のれんの減損です。気候変動リスクの影響を考慮しないのれんの評価では，その帳簿価額が過大になる可能性を指摘したのです。気候変動リスクがある場合，減損の兆候を示している可能性もあれば，将来キャッシュ・フローにも影響を与える可能性もあります。そのため，のれんの評価にあたって気候変動リスクをどのように反映したかの財務諸表における開示が，投資家の期待に応えることがあると説明します。また，企業が置かれた状況によっては，のれんの評価に気候変動リスクを考慮する必要がないと判断したことや，気候変動の影響を受けていないことについて説明する必要がある可能性も指摘しています。

(2)　機関投資家からの要求

①　PRIの書簡

2020年9月に，PRI（Principles for Responsible Investment：責任投資原則）のウェブサイトで，「Investor groups call on companies to reflect climate-related risks in financial reporting」（仮訳：投資家グループは企業に気候変動リスクの財務報告への反映を要求する）という書簡が発表されました。国連の支援を受けているPRIには，2021年11月1日現在，4,473社（うち日本からは，年金積立金管理運用独立行政法人（GPIF）をはじめとする99社）が参加しています。また，その資産総額は2021年4月時点で120兆米ドルを超えるほどに大規模なため，株式市場に上場している企業への影響は大きいものといえます。

この書簡の中で，企業に対して，財務報告と財務諸表にはニック文書の内容を反映すること，また，気候変動に関するパリ協定と整合する仮定を用いて作成することの確認が求められました。つまり，機関投資家は，気候変動リスクが財務諸表に適切に反映されるべき重要な要素であるとの見解であることを示したのです。

この見解に基づき，企業と監査人それぞれに対して，次の内容を要求します。

- 企業には，気候変動リスクに関して設定された主要な仮定を示すことを含めて，ニック文書を適用すること

- 監査人には，気候変動リスクに関して設定された主要な仮定を示すことを含めて，ニック文書を適用した財務諸表のみに監査意見を表明すること

② IIGCCの書簡と資料

2020年11月，IIGCC（Institutional Investors Group on Climate Change：気候変動に関する機関投資家グループ）は，英国の資産運用会社であるサラシン・アンド・パートナーズ社（Sarasin & Partners LLP）を代表としたうえで，欧州の大手企業36社の監査委員会に対して「Investor Expectations for Paris-aligned Accounts」（仮訳：パリ協定に沿った会計への投資家の期待）とする書簡と資料を送付しました。そこでは，PRIの書簡を引き合いに出しつつ，世界中の投資家がパリ協定に沿った財務諸表（Paris-aligned financial statements）を期待していることが強調されました。つまり，会計処理や注記事項にも気候変動の影響が及ぶことを主張したのです。

また，パリ協定に沿った会計を行うために，重要な会計上の判断が2050年までのゼロ・エミッションとどのように整合しているかの説明を求めます。加えて，こうした判断や見積りの変動に関連した感応度分析も求めました。さらに，パリ協定に沿った仮定を用いない場合には，その理由やパリ協定に基づくときの影響額について，財務諸表の注記事項として説明することも要求しています。

この書簡の末尾では，石油・ガスの主要会社であるBP社，Shell社およびTotal社が財務諸表をパリ協定の方向性に合わせて作成するようになったことを挙げています。つまり，最も過酷な状況に置かれている業種の企業であっても，パリ協定に沿った会計が実現可能であり，かつ，迅速に実行可能であると主張しているのです。また，書簡とともに送付された資料では，これらの３社が，投資家との対話を経て，2019年の財務諸表についてパリ協定および加速するエネルギー移行の観点から重要な会計上の判断を修正した結果，重要な減損が計上されたことも伝えています。

このように，世界の機関投資家，しかも運用資産が莫大な機関投資家のグループが，企業に対して，財務諸表に気候変動リスクを反映すること，また，

その反映はパリ協定に沿ったものであることを期待しています。一方，監査人に対して，そのような財務諸表にのみ監査報告書に署名することを期待しています。その実現のために，会社に書簡を送付し，対話を行い，また，パリ協定に沿った会計を提供しない企業に対しては議決権行使やダイベストメント（株式の売却）を実施するといった行動を起こしています。

③　監査法人に向けた２つの書簡

2019年１月11日，サラシン・アンド・パートナーズを筆頭にした機関投資家グループは，英国の４大監査法人（PwC, Deloitte, KPMG, EY）に対して「Investor expectations: auditor assurance that companies are accounting for material climate risks」（仮訳：投資家の期待－企業が重要な気候変動リスクを考慮した会計を行うことを監査人が保証すること）と題する書簡を送りました。これは，パリ協定と整合した信頼できる経済シナリオに沿って，重要な会計上の判断を検討することを監査人に期待したものです。ここでは，脱炭素化に最も明らかにさらされている化石燃料ベースのエネルギー企業に焦点が当てられていました。

こうした書簡が送られたものの，英国企業における2019年や2020年の財務諸表に対する監査報告書において気候変動の影響を説明した事例はわずかな数にとどまっていました。つまり，投資家の期待に応えていない状況に変化はなかったのです。2021年９月16日に，この状況を分析した結果が公表されました。それは，金融専門の非営利シンクタンクであるカーボントラッカーと，責任投資原則（PRI）から委任を受けた気候会計プロジェクトの共同調査「Flying blind：The glaring absence of climate risks in financial reporting」（仮訳：視界が晴れない投資判断－財務報告における気候変動リスクの顕著な欠如）です。このレポートは，世界最大の炭素排出企業の７割以上が2020年の財務諸表で気候変動リスクの影響を開示せず，また，その監査人の８割が財務諸表監査に気候変動リスクを評価した形跡がないと伝えています。

こうした分析結果を受けて，2021年11月２日に，サラシン・アンド・パートナーズを筆頭にした機関投資家グループは，英国の４大監査法人（PwC, Deloitte, KPMG, EY）に対して再び書簡を送りました。それが，「INVESTOR EXPECTATIONS: NET ZERO-ALIGNED AUDITS」（仮訳：投資家の期待－ネット・ゼロに沿った監査）です。この中で，監査人に対して，企業がネット・ゼロを無視した財務諸表を作成する場合に警鐘を鳴らすよう求めています。つまり，適正意見を表明すべきではないと主張したのです。加えて，気候変動に関するリスクを反映していない財務諸表に対して監査人が適正意見を表明するならば，当該監査人の再任議案に反対票を投じるとも宣言しました。

これらの書簡が影響したためか，英国企業の2021年12月期に係る財務諸表に対する監査報告書には，気候変動の影響を説明したものや気候変動の影響をKAMとして報告したものが増加しています。

(3) IFRS財団による教育資料

2020年11月に，IFRS財団は，教育資料「Effects of climate-related matters on financial statements」（仮訳：気候関連事項の財務諸表への影響）を公表しました。これは，ニック文書を補完する教材として位置づけられるものです。具体的には，IFRS会計基準のいくつかの基準において原則を適用する際に，気候関連事項の影響を考慮することを企業に要求する場合の例を示しています。

例えば，IAS第36号「資産の減損」については，気候関連事項が資産または資産グループに減損の兆候を引き起こすことがあると説明しています。その例として，温室効果ガスを排出する製品に対する需要が減少した場合，製造工場が減損している可能性があるため，製造工場に関する資産の減損テストが必要になることを挙げています。また，規制の変更などの事業環境の著しい変化が減損の兆候に該当することも指摘しています。

このほかにも，使用価値を用いる場合の回収可能価額を見積るにあたっての将来キャッシュ・フローの予測にも言及があります。気候関連事項が合理的で裏づけのある仮定に影響を受けるどうかの検討が必要だと説明します。

さらに，減損損失の認識に至った事象や状況の開示として，排出削減の規制が導入されることによって製造コストが上昇したことを例示しています。また，特定の状況では，感応度分析が必要なことも伝えています。

(4)　CDSBによるサポート資料

2020年12月に，CDSB（Climate Disclosure Standards Board：気候変動開示基準委員会）は，「Accounting for climate」（仮訳：気候に関する会計処理）を公表しました。CDSBとは，企業と環境NGOの国際コンソーシアムです。自然資本を金融資本と同等にするために，世界的に主流となっている企業報告モデルを前進させ，調整することに取り組んでいる組織です。

この資料は，IFRS財団からの教育資料をサポートするガイダンスとして位置づけられます。IFRS会計基準に基づき，気候関連事項をどのように財務報告に組み込むべきかについて，次の３つの主要な質問に答えています。

- 気候関連事項は財務報告に関連するか。
- 気候関連事項は企業の財務報告にどのように反映させるべきか，また，それはどのようなものか。
- 重要な気候関連事項を財務報告に組み込むために，企業はどのようなステップを踏むことができるか。

この中で，IAS第36号「資産の減損」も取り上げられています。

またCDSBは，翌年の2021年10月に，KPMGとともに，「Accounting for climate: Supplementary paper 1」を公表しました。これは，2020年12月のガイダンスでは考慮されなかった，IASBとIFRS財団が特定した財務諸表の分野に，気候関連事項をどのように統合することができるかについて，補足的なガイダンスを提供したものです。

なお，2022年１月に，CDSBは，IFRS財団のもとに設置された国際サステナビリティ基準審議会（International Sustainability Standards Board：ISSB）に統合されています。この統合は，CDSBのスタッフとリソースをISSBに提供することを目的としたものです。

⑸　財務諸表監査への対応

①　IAASB のスタッフ文書

2020年10月，IAASB（International Auditing and Assurance Standards Board：国際監査・保証基準審議会）から，「The Consideration of Climate-Related Risks in an Audit of Financial Statement」（仮訳：財務諸表監査における気候変動リスクの考慮について）と題する文書が公表されました。IAASB とは，世界の会計士団体から構成された国際機関であるIFAC（International Federation of Accountants：国際会計士連盟）に設置されている国際監査基準の設定機関です。そのIAASB から，監査実務に関するスタッフ文書として，気候変動についての留意事項が説明されました。ここで，監査人の責任として，次の２点が挙げられています。

- 気候変動が企業に影響を与える場合，監査人は，適用される財務報告の枠組みに従って，財務諸表がその影響を適切に反映しているかどうかについて考慮しなければならないこと
- 監査人は，気候関連リスクが，職業上の基準や適用される法律や規制の下での責任とどのように関連しているかを理解しなければならないこと

また，気候関連のリスクと関連する国際監査基準が何かについても解説しています。こうして，気候関連の事象や状況が，財務諸表の重要な虚偽表示リスクとなり得ることを示しました。

②　GPPC から IASB への書簡

2020年12月には，GPPC（Global Public Policy Committee：グローバル・パブリック・ポリシー委員会）は，IFRS 会計基準を設定しているIASB に対して書簡を送付しました。GPPC とは，国際的な６大会計ネットワーク（BDO, Deloitte, EY, Grant Thornton, KPMG および PwC）の代表によるグローバル・フォーラムです。

この書簡の中で，GPPC のネットワークは，多くの投資家が，気候変動が財務諸表に重要な影響を与える場合に，気候変動に関する仮定について透明性の

ある開示を企業に求めていることを認識していると述べています。また，年次報告書および財務諸表における判断，見積り，開示については，経営者とガバナンス担当者に一義的な責任があるとしながらも，GPPCのネットワークは自らの役割を果たすことを約束すると宣言しました。すなわち，GPPCに参加している4大監査法人と準大手の2法人が気候変動を考慮した財務諸表監査を実施していくことについて明言したことを意味します。IAASBのスタッフ文書を歓迎している旨が記載されていることからも，気候関連事項による影響について企業の財務諸表の透明性を高める方向であることが読み取れます。

③　IFACからの声明

2021年9月には，IFACから，「Corporate Reporting: Climate Change Information and the 2021 Reporting Cycle」（JICPA翻訳「企業報告：気候変動情報と2021年報告サイクル」）とする声明が公表されました。そこでは，財務報告基準は変更されていないものの，投資家やその他のステークホルダーは，気候変動が多くの企業に財務的な影響をもたらす可能性のある重要な問題であると考えている，とのIFACの見解が示されています。

また，パリ協定を達成するために排出量ネット・ゼロの目標を設定した企業は，ビジネスモデルの脱炭素化と排出量の削減に向けて，目標となる戦略と短期・中期の目標を設定することになります。IFACの声明では，こうした経営活動が財務上，重大な影響をもたらす場合に，それを財務報告に反映させる必要があるとも指摘しています。

そこで，2021年の報告サイクルに向けて，企業が財務報告基準における特定の要求事項を厳密に遵守しても，気候関連事項が財政状態および経営成績に与える影響を投資家が理解できない可能性がある場合には，当該企業は追加的な開示を検討すべきと説明します。また，職業会計人に対しては，気候関連の情報と開示とを整合・統合させる役割を果たすことなどを呼びかけています。

このように，①JICPAがIFACに加盟していること，②JICPAがIFACの声明を翻訳して公開していること，③IFACの声明では2021年の財務サイクルに向けた行動を呼びかけていることから，日本企業にも2022年３月期以降の財務諸表において気候変動の影響を考慮することについて監査人から求められる可能性があります。よって，企業は，監査対応の観点からも，気候変動の財務諸表への影響を検討せざるを得ない状況に迫られます。

03 のれんの減損開示における気候変動リスク

(1) 財務諸表の注記事項

海外企業の中には，2019年から，のれんの減損にあたって気候変動を考慮した注記事項を開示した事例が登場しています。次に紹介するBP社（BP PLC）における見積りに関する注記事項もその１つです。

同社は，投資家との対話を経た結果，2019年12月期の財務諸表において重要な減損を計上した事例の１つでした。その翌年である2020年12月期の財務諸表における注記事項にも，のれんの減損における気候変動の影響について開示されています。**開示事例６－１**のとおり，最善の見積りを尽くしているとの説明があります。

開示事例６－１　気候変動の影響に関する見積りの注記（海外事例）

気候変動と低炭素経済への移行の影響を評価する際に行った判断と見積り

連結財務諸表の作成にあたって，気候変動と低炭素経済への移行を考慮しました。これらは，以下に述べる当社グループの資産および負債の現在の報告額，また，将来認識される可能性のある同様の資産および負債に重要な影響を与える可能性があります。

有形固定資産およびのれんの減損

エネルギー移行は，石油や天然ガスなどの商品価格に影響を与える可能性があります。その結果，石油・ガス産業における有形固定資産やのれんの回収可能額に影響を与える可能性があります。使用価値の減損テストにあたって，石油や天然ガスの仮定に関する経営者による最善の見積りは，2020年に下方修正されました。また，対象期間は2050年まで延長されました。改訂された仮定は，経営者が検討した外部予測の範囲内であり，また，パリ協定の目標に合致した移行経路の範囲とほぼ一致しています。当該価格の仮定において合理的に起こりうる変化に関する感応度分析を含む詳細な情報は，「重要な判断および見積り：資産の帳簿価額の回収可能性」をご参照ください。

低価格の仮定を置いたことで，一部の上流部門の石油・ガス資産について，2020年に減損を認識しました。詳細は，注記4をご参照ください。

下流部門の資産には，重要な減損は認識されませんでした。エネルギー移行は，将来，特定の石油製品に対する需要に影響を与える可能性があります。経営者は各製油所の残存耐用年数の間に十分に堅調な需要を見込んでいます。

のれんのヘッドルームは減少しましたが，回収可能価額は帳簿価額を上回っています。のれんの減損判定に使用した仮定に関する感応度分析を含む詳細情報については，注記14をご参照ください。

経営者は，エネルギー移行の進展に応じて価格の前提を見直していきます。その結果，将来，減損の発生や戻入れが生じる可能性があります。

（出所） BP社の“Annual Report and Form 20-F 2020”における“Notes on financial statements　1. Significant accounting policies, judgements, estimates and assumptions”（P.160）からの一部抜粋（仮訳）。

また，ロイヤル・ダッチ・シェル社（ROYAL DUTCH SHELL PLC，その後，シェル社（SHELL PLC）に社名変更）も，投資家との対話を経た結果，2019年12月期の財務諸表に重要な減損を計上した事例の1つです。BP社と同様に，その翌年である2020年12月期の財務諸表における注記事項にも引き続き，のれんの減損における気候変動の影響についての開示があります。**開示事例6－2**のとおり，社会の進展に伴って見積りが修正されていく旨の記載に特徴があります。

開示事例 6 - 2　気候変動の影響に関する見積りが社会の進展に伴って修正されていく注記（海外事例）

気候変動とエネルギー移行

パリ協定が最終的に目指すところの達成は，世界と当社の具体的な目標です。当社のパリ協定への道筋はグループの戦略に反映されており，また，2020年に発表した長期的な目標は，社会と歩調を合わせ，2050年までに排出量がネット・ゼロのエネルギー事業になることです。

ここで重要なのは，世界はいくつもの複雑で相互に関連した方法で変革する必要があることです。世界はパリの目標に向けて動いてはいるものの，残念ながら，社会はまだパリに対応する道筋をつけていません。エネルギーシステムをネット・ゼロ・エミッションへの道に導くには，エネルギー供給者，エネルギー利用者，政府が協調して行動する必要があります。

当社の財務諸表を支える重要な側面の１つに，石油およびガスの価格と精製マージンの仮定があります。これらの価格の仮定は，当社のシナリオや他の要素に基づき作成しています。中間価格は当社の合理的で最善の見積りであり，また，当社の経営計画，見通し，減損テストの基礎となります。

当社の経営計画と見通し（ポートフォリオの変更を含む）は10年単位で予測されており，加えて，本報告で説明している2050年までのネット・ゼロ・エミッション目標に向けた工程において，温室効果ガス（GHG）排出量を削減するための重要な行動が含まれています。しかしながら，当社の計画と価格の仮定には，シェルの2050年のネット・ゼロ・エミッション目標をまだ反映していません。なぜなら，当社の計画の時間枠が10年であること，また，社会がどのようにネット・ゼロ・エミッションに移行するかについて重要な不確実性があるからです。その代わりに，現在の経済環境，世界のエネルギー移行のペース，今後10年間がどのように展開するかの当社の合理的な予想を反映しています。社会がネット・ゼロ・エミッションに向けて動くにつれて，当社の経営計画，見通し，仮定もそれに伴って修正されていきます。

長期的には，現在の当社のポートフォリオはエネルギー移行とともに変化し，また，進化していくことが予想されます。将来のポートフォリオに関する意思決定は，社会が進歩するペースによって行われ，かつ，パリ協定の目標に向かって動く社会と歩調を合わせることを目的とします。ネット・ゼロ・エミッション達成に向けた社会の進歩と歩調を合わせながら，当社は2050年までにネット・ゼロ・エミッションのエネルギー事業となるという目標をどのように達成するかの戦略を示しています。

（出所） ロイヤル・ダッチ・シェル社の“Annual Report and Accounts 2020”における“NOTES TO THE CONSOLIDATED FINANCIAL STATEMENTS 2-SIGNIFICANT ACCOUNTING POLICIES, JUDGEMENTS AND ESTIMATES”（P.221）からの抜粋（仮訳）。

⑵　監査人によるKAM

英国の企業の財務諸表に対する監査報告書には，気候変動を取り扱ったKAMが報告されています。KAMの見出しに気候変動の用語を含めるほどに，真正面から気候変動リスクが財務諸表に及ぼす影響について検討し，かつ，対応を行っています。

例えば，ロイヤル・ダッチ・シェル社の2020年12月期の財務諸表に対して，Ernst & Young LLPは監査報告書において，「THE IMPACT OF CLIMATE RISK AND THE ENERGY TRANSITION ON THE FINANCIAL STATEMENTS」（仮訳：気候変動リスクとエネルギー移行の財務諸表への影響）を見出しとしたKAMを報告しています。なお，当該KAMの記載順序は，９つ報告された中で１番目でした（**開示事例６－３**）。

開示事例６－３　気候変動リスクを見出しとした海外のKAM事例（その１）

監査上の主要な検討事項の内容
気候変動とエネルギー移行がもたらす財務上の影響は，会計上の判断や見積りの多くの分野，ひいては監査に広範な影響を与えるため，引き続き監査の重

点項目としている。投資家や規制当局の気候変動への注目度が高まっていることから，2019年に比べてリスクが高まっている。

気候変動は，事業と世界経済の両方に財務リスクをもたらす。投資，与信および保険引受の決定により多くの情報を提供するとともに，それによって金融セクターに炭素関連資産が集中していることや金融システムが気候関連リスクにさらされていることについてステークホルダーがより良く理解できるよう，さらに効果的な気候関連開示のための提言を策定するために，金融安定理事会は気候関連財務情報開示タスクフォース（TCFD）を設置した。

シェルは，気候変動に関連するリスクと機会を，リスクマネジメントと戦略計画のプロセスに組み入れている。また，気候変動によってもたらされるリスクと機会に対応するための戦略について，透明性を高め，投資家の理解を促進することに注力している（94頁参照）。

シェルは，エネルギー移行報告書が TCFD の提言に沿ったものであり，エネルギーシステムにおいて予想される変化にどのように対応していくか，また，162頁には，世界が低炭素エネルギーに移行していく中で，シェルがどのように成功していくための戦略を示していると述べている。

監査上のリスクは，重要な会計上の見積りや判断が重要な気候変動リスクを反映しておらず，その結果，投資家を誤認させる可能性である。例えば，資産の回収可能価額の評価に用いられる経営計画の基礎となる予測の仮定，特に石油・ガス上流部門の有形固定資産に関連する石油・ガス価格の仮定や，製造部門の資産に関連する精製マージンは，気候変動リスクやエネルギー移行による需要と供給の変化とともに，パンデミックによるマクロ経済への影響を適切に反映していない可能性がある。

同様に，年次報告書における重要な気候変動リスクに関する記述的な開示と財務諸表とが整合していないという監査リスクがある。

気候変動リスクとエネルギー移行の影響を受ける重要な会計上の判断と見積りは，次のとおりである。

- 石油・ガスの埋蔵量・資源量の見積り
- 有形固定資産の経済的耐用年数と償却費の見積り
- 気候変動リスクやエネルギー移行による石油・ガス価格への影響によって経

済性が認められなくなった探査および評価資産の回収を含む，のれん，有形固定資産，ジョイントベンチャーおよび関連会社の減損評価

- 過去から耐用年数が不確定であると想定されてきた事業を含む，廃棄および原状回復に関する引当金の認識および測定
- 繰延税金資産の認識と測定
- シェルに対して提起された気候変動関連の訴訟のうち，資源の流出やその他シェルの事業に影響を与える可能性のあるもの

監査上の対応

当監査法人の監査手続は，サラシン・アンド・パートナーズが監査委員会の委員長宛に送付した2020年11月5日付の書簡の内容，気候変動に関する機関投資家グループ（IIGCC）が同日に発表した「パリ協定に沿った会計に対する投資家の期待」と題する文書，およびFRCの気候変動に関するテーマ別レビューを考慮したものである。

実施した手続は次のとおりである。

- リスク評価，実行可能性，温室効果ガス排出量の報告を含む，年次報告書における気候変動とエネルギー移行関連の開示に関するシェルのプロセスを理解する。
- 気候変動の専門家であるEYの監査人による支援とともに，予測事業計画，継続企業，実行可能性の評価の一部として含まれるシェルの炭素価格の合理性を評価する。
- エネルギー移行や気候変動に関してシェルが公表した内容と，財務諸表に反映された重要な判断や見積り（例えば，石油・ガスの埋蔵量の見積り，将来の資本や営業費用の見積り，想定される精製マージンなど）との整合性を評価する。
- 年次報告書における開示の過去の正確さを評価する。これには，TCFDの情報開示に関する提言と，それに関するシェルの情報開示の適切性の検討が含まれる。
- エネルギー移行に対するシェルの強靭性の評価について，経営者に質問した。
- IEAの見通しに照らして，シェルの長期的な価格設定の仮定を評価した。

- 石油・ガス埋蔵量の見積りにおけるエネルギー移行の仮定を評価した。
- 我々は，特に低炭素社会で予想される影響に照らして，シェルの石油精製マージンの見積り方法の合理性を評価した。例えば，独立した第三者機関からの報告書を読み，反対の証拠となりうるものを特定し，シェルの石油精製マージンモデルに用いられた主要なインプットと仮定の合理性を評価した。これらのインプットには，精製能力の追加，予想される製油所の閉鎖，二酸化炭素のコスト，国営石油会社の戦略的・政治的行動などが含まれる。
- 気候変動とエネルギー移行のリスクを主要な監査領域に関連づけた。
- 気候変動の専門家であるEYの監査人の協力を得て，シェルの重要な気候変動リスクに関する記述的な開示の合理性を評価し，検討した。加えて，これらの記述的な開示と財務諸表との整合性を評価した。
- この監査手続は，主にグループの監査チームが実施した。

シェルの監査委員会と協議した主要な見解

重要な会計上の判断と見積り

2021年１月，我々は監査委員会に，シェルの貸借対照表が資産を過大に，または負債を過少に表示している証拠は見当たらないと報告した。上流および統合されたガス資産については，予想される将来の開発に関する現在の理解に基づき，償却計算に使用された埋蔵量が非現実的な将来の期間にまで及んでいないことと判断した。石油製品・化学品関連資産については，中期的には過剰生産能力，長期的にはエネルギー移行，短期・中期的には新型コロナウイルス感染症の影響によって，石油精製市場が根本的に変化していることを考慮した。セグメントレベルで資金生成単位に配分されるのれんの帳簿価額を支えるヘッドルームが認められることから，のれんの帳簿価額が適切に計上されていると判断した。

また，関連する事実および状況の評価，並びに弁護士から入手した監査証拠に基づき，当監査法人は，気候変動関連の訴訟に関して現時点で引当金を計上すべきではないという経営者の主張に納得した。

気候変動とエネルギー移行がもたらすその他の財務上の影響に関する主な見解は，下記のその他の重要な監査事項に含まれている。

（出所）ロイヤル・ダッチ・シェル社の“Annual Report and Accounts 2020”（P. 202，203）からの抜粋（仮訳）。なお，原文では左右に対比した表形式としているが，掲載の便宜上，縦方向の記載とした。

また，座礁資産の用語が登場するKAM事例として，総合天然資源会社であるグレンコア社（Glencore Plc）の2020年12月期の連結財務諸表に対する監査報告書に記載されたものが挙げられます。それは，**開示事例６－４**のとおり，監査人であるDeloitte LLPが報告した「POTENTIAL IMPACT OF CLIMATE CHANGE ON NON-CURRENT ASSETS」（仮訳：気候変動が固定資産に与える潜在的な影響）を見出しとするKAMです。なお，当該KAMの記載順序は，６つ報告された中で３番目でした。

開示事例６－４　気候変動リスクを見出しとした海外のKAM事例（その２）

監査上の主要な検討事項の内容

16頁から21頁に記載したとおり，気候変動および気候変動に対する世界の対応は，将来の化石燃料，特に一般炭の需要に敏感に反応するため，グレンコアのエネルギー産業資産に大きなリスクと不確実性をもたらす。2020年12月31日現在のグレンコアの一般炭ポートフォリオの簿価は119億ドルである。

16頁に記載のとおり，会社は2020年12月に「Climate Report 2020：ネット・ゼロへの経路」を発表した。それには，2035年までに総排出量を40%削減するという目標と，2050年までに総排出量をネット・ゼロにする抱負が示された。

気候変動の影響に対するポートフォリオの強靭性を検証するため，会社は３つのシナリオを作成した。

- 現状経路シナリオ：IEAが公表する政策シナリオ（STEPS）に準拠したもの。
- 急速な移行シナリオ：IEAの持続可能な開発シナリオ（SDS）に整合したもの。
- 抜本的な変革シナリオ：IEAの「2050年までにネット・ゼロ・エミッショ

ン」とするシナリオ（NZE2050）に準拠したもの。

グレンコアの内部モデルと事業計画に使用されているベースケースの生産減少プロファイルは，会社のネット・ゼロの抱負と一致している。しかし，注記事項１で説明されているように，経営者による減損評価（上記の監査上の主要な検討事項を参照）に用いられたベースケースの価格の仮定は，STEPS および SDS の仮定よりも高い。

すべての信頼できるシナリオにおいて，化石燃料（石炭，ガス，石油）は将来にわたって世界のエネルギーミックスの一部であり続けると考えられる。「急速な移行」と「抜本的な変革」のシナリオを支える政策によって，長期的には石炭の需要が大幅に減少し，価格も低下すると考えられる。

会社は，財務諸表の注記事項１に，STEPS および SDS に沿ったコモディティ価格カーブの可能性がある場合の，現在の簿価に対する減損が下振れする影響を例示している。STEPS では25億ドル，SDS では77億ドルである。

当監査法人は，この分析の正確性と表示，および会社のネット・ゼロの抱負と減損評価に使用されたものを含む内部モデルおよび事業計画との整合性に関して監査上の主要な検討事項を確認した。

KAM への監査上の対応

当監査法人は，デロイト内部の環境専門家とともに，座礁資産，環境税，投資家やその他のステークホルダーの活動による潜在的な影響，環境法，顧客や需要の喪失，資金源やアクセスの喪失など，潜在的な気候変動リスク要因を検討した。

一般炭ポートフォリオに関連する気候変動リスクの影響についての経営者の主張を検討した。また，経営者の影響評価と，STEPS シナリオや SDS シナリオなど，将来の需要と長期価格に関する信頼のある外部の利用可能な業界の予測と比較した。

石炭の資金生成単位を評価する期間（鉱山の寿命計画）については，仮定が経営者の長期投資計画，公開情報，エネルギー移行の時期や効果に関する信頼できる外部シナリオと整合しているかどうかを評価した。

経営者の減損モデルを見直し，また，IEA の短期・長期の価格の仮定を適用して，注記事項1の感応度の算定を再計算した。 当監査法人は，経営者による感応度と見積りの不確実性の開示が，気候変動のリスクと不確実性の観点から適切であるかどうかを検討した。 当監査法人は，年次報告書に含まれるその他の情報を通読し，また，その他の情報と財務諸表との間に重要な不一致がないか，あるいはその他の情報と，入手した監査証拠および監査で得られた結論に基づく我々の理解との間に重要な不一致がないかを検討した。
主要な見解
経営者の減損予測と，戦略報告書に記載されたとおりの気候変動への表明された対応との間に，矛盾は見られなかった。外部市場，特に将来の石炭価格に関する仮定については，経営者の減損の仮定は，信頼できる外部の利用可能な業界予測と比較して合理的であると判断した。だが，IEA の SDS シナリオなど，パリ目標が達成されるという最初の仮定に基づいたシナリオのサブセットでは，経営者の石炭価格の仮定が一般炭価格よりも概して高いことに気づいた。2020年12月31日現在の一般炭ポートフォリオの減損テストを目的とする評価において，気候変動の予想される影響について，経営者は合理的な考慮と重み付けがなされていると判断した。 （IAS 第1号で特に要求されているように）翌年における，および，長期にわたる期間も追加して，経営者の減損の仮定に合理的に起こりうる変更から生じる一般炭の減損テストにおける気候変動の潜在的な財務上の影響は，財務諸表の注記事項1に適切に開示されていると結論づけた。

（出所）　グレンコア社の“Annual Report 2020”（P. 122，123）からの抜粋（仮訳）。なお，原文では左右に対比した表形式としているが，掲載の便宜上，縦方向の記載とした。

04 Are You Ready?

(1) 日本における気候変動の注記とKAM

2021年7月期までの上場企業の有価証券報告書における財務諸表に，金融リスクとしての気候変動が注記された事例として，三菱商事㈱が挙げられます。IFRS会計基準を適用している同社では，**開示事例6－5**のとおり，連結財務諸表の注記事項「銅及び原油の中長期価格見通し」の中で気候変動に言及しています。

開示事例6－5　日本企業における気候変動に言及した注記事項

> 銅及び原油の中長期価格見通し
>
> （略）原油の中長期的な価格見通しは，将来における全世界の原油に関する需要予測及び生産数量やコストの予測等の要因に基づき決定されており，複数の外部機関が公表する情報と連結会社の見積った中長期的な価格見通しの整合性を検証し，責任者による承認を行っています。新型コロナウイルス感染症の拡大により世界経済の本格的な回復には時間がかかる見込みですが，今後も産油国の生産調整や経済活動の正常化などを背景に，原油価格は中長期的には緩やかに回復，上昇していくと想定しています。より長期的には，世界の気候変動リスクへの対応及びエネルギートランジションも原油の価格見通しに関する見積りに影響を与えますが，当社として将来の需給予測にあたっては，IEAの公表するStated Policies Scenario（各国公表済の削減目標や気候変動対策などをベースとしたシナリオ）などを参照しています。（略）

（出所）　三菱商事㈱（IFRS）の2021年3月期に係る有価証券報告書に掲載された連結財務諸表の注記事項「2．作成の基礎　(5)　重要な会計上の判断，見積り及び仮定」のうち「銅及び原油の中長期価格見通し」から抜粋。なお，下線は筆者が付した。

また，監査人によるKAMについても，金融リスクとしての気候変動について報告された事例として，三菱商事㈱の連結財務諸表および財務諸表に対する監査報告書に記載されたものが挙げられます。ただし，気候変動リスクに個別に対応している状況が明確な事例として，「監査上の主要な検討事項の内容及び決定理由」と「監査上の対応」の双方に気候変動に言及があるものを対象としました。このうち，連結財務諸表の監査報告書に記載されたKAMは，**開示事例6－6**のとおりです。

開示事例6－6　気候変動が言及された日本のKAM事例

監査上の主要な検討事項の内容及び決定理由（抜粋）
（略）連結財務諸表注記事項　2．作成の基礎　⑸　重要な会計上の判断，見積り及び仮定に記載のとおり，原油の中長期価格見通しは，FVTOCI金融資産の公正価値測定や持分法で会計処理される投資の減損テストにおいて，最も重要な観察不能インプットである。他の観察不能インプットと比較して，原油の中長期価格見通しに対する公正価値や使用価値の感応度は極めて高い。当該見積りは，長期間にわたる将来の全世界の原油の需要予測及び各原油開発鉱区の生産数量やコストの予測という専門知識を要する将来予測に基づき決定されており，かつ，気候変動及びエネルギートランジションの影響や，新型コロナウイルス感染症が将来の需要及び供給に与える影響の評価を含むため，不確実性が極めて高い。また，複数の外部機関が公表している原油の中長期価格見通しの上限値と下限値の乖離が大きいことがこの不確実性の高さを示している。 このため，原油の中長期価格見通しの見積りは，複雑であり，経営者の重要な判断を伴うものであることから，当監査法人は原油の中長期価格見通しの見積りを監査上の主要な検討事項とした。
監査上の対応（抜粋）
監査人は，会社の使用する原油の中長期価格見通しの検証に当たり，主として以下の監査手続を実施した。 •（略）

- 会社責任者に質問を実施し，中長期価格見通しの見積り方法が合理的な手法に基づいた手法であるか，また，気候変動及びエネルギートランジションの影響や新型コロナウイルス感染症が直近の市況及び将来の全世界の原油の需要及び供給に与える影響に関する前提の合理性について検証した。

(略)

- 連結財務諸表注記事項　2．作成の基礎　(5)　重要な会計上の判断，見積り及び仮定における，重要な観察不能なインプットとしての原油の中長期価格見通しの開示について，上記で検証した原油の中長期価格見通しとの整合性を検証するとともに，気候変動及びエネルギートランジションの影響及び新型コロナウイルス感染症の影響による見積りの不確実性を含む，注記の妥当性を検証した。

(出所)　三菱商事㈱（IFRS）の2021年３月期の連結財務諸表に対して，有限責任監査法人トーマツが監査報告書に報告したKAM「原油の中長期価格見通し」からの一部抜粋。なお，下線は筆者が付した。

筆者が調べた限り，日本の上場企業のうち，金融リスクとしての気候変動が注記され，また，KAMとして報告された事例は，ここに紹介した事例にとどまります。海外における開示状況と比較すると，各社が置かれた状況が異なるとはいえ，気候変動を見出しに据えるほどに重要な論点となっていないことが理解できます。

(2)　すでに対応に迫られている日本企業

2017年12月に，「Climate Action 100＋」（クライメート・アクション100プラス）という投資家主導のイニシアチブが設立されています。2022年３月現在，700の投資家が，68兆ドルを超える運用資産に責任を負う中で，対象企業に対して気候変動ガバナンスの改善，排出量の削減，気候関連の財務開示を強化する活動を展開しています。対象企業には，世界的なネット・ゼロ排出量への移行を推進するためのカギとなる重点企業として，166社が選ばれています。このうち日本企業は10社含まれています。

このように，海外の機関投資家から，気候変動に関する財務開示の強化が求められている日本企業があるため，2022年3月期以降の決算では，何かしらの注記が開示される可能性があります。また，財務諸表監査の対応として財務諸表への反映を迫られる可能性もあります。たとえ気候変動リスクが低いと判断している場合であっても，その旨を開示することが有益なケースも考えられます。

しかも，2020年3月期からの決算において，新型コロナウイルス感染症の影響による会計上の見積りの不確実性に関する追加情報が実質的に求められたように，気候変動に関する注記も，突如，開示を求められる可能性があります。それは，ASBJの議事概要という形かもしれませんし，あるいは，有価証券報告書とともに財務局等に提出する調査票に「気候変動に関して具体的に開示していますか」と質問が新設される形かもしれません。

ここで思い出したいのは，IFRS会計基準では基準を変更することなく気候変動リスクを財務諸表に反映できるとの考えを示したニック文書です。日本基準においては「適正表示の枠組み」の中で，追加情報によって必要な開示を行うことが要求されています。したがって，何かしらの会計基準や開示規則を新設・改正せずとも，気候変動リスクを財務諸表に反映させることができる点について改めて確認される可能性が考えられます。

また，**第5章04**で説明したとおり，監査対応として「その他の記載内容」との整合性が求められる点も忘れてはいけません。例えば，温室効果ガスの排出をネット・ゼロとする「カーボンニュートラル」を宣言した企業がそのことを有価証券報告書の記述情報に開示する場合には，その内容と財務諸表との整合性が問われかねません。「その他の記載内容」に関する手続によって，記述情報には気候変動の影響が大きいと評価した開示を行っていながらも，財務諸表に当該影響を反映していないことがクローズアップされる状況も想定できます。

したがって，新型コロナウイルス感染症の影響による会計上の見積りの不確実性に関する追加情報と同様に，気候変動に関する注記も，突如，財務諸表に開示が求められる可能性が否定できません。先行している海外企業の動向を注視しながら，着々と準備を進めていくことが，財務報告上の重要な戦略となります。

おわりに

本書を最後までお読みいただき，ありがとうございます。あまりにも広範な内容によって，もしかすると，食べ過ぎのような満腹以上の気分になっているかもしれません。解説した内容を振り返ると，次のものがありました。

✓減損会計基準等に基づくPL注記について，基準設定当時から20年経って振り返ったときに対応できていない点があること
✓PL注記の不足を補うために見積開示会計基準に基づく注記が役立つことがあるものの，開示にあたっては３要素を満たす必要があること
✓継続的な開示には記述情報の活用が適していること
✓監査対応でリスクマネジメントを高めざるを得ない状況になること
✓気候変動について会計の文脈で対応する必要があること

確かに，１つひとつのインパクトが大きいため，消化不良のような感覚となるのも無理はありません。その気持ちはわかります。筆者も本書の原稿を書き上げた日は，身を削る思いという言葉のとおり，20時前に倒れるように寝込んでしまったほどでした。ただ，のれんの減損に関する実務の現場に初めて立ち会うときに，自分自身が「これは読みたい」と思う内容を説明しています。その想いが届けば嬉しいです。

また，まだまだ数が少ない優良な開示事例についても，可能な限り収録しています。財務諸表の注記として有意義な内容を開示した事例や，記述情報としてリスクマネジメントの実態が示された事例，その実態が監査人によるKAMによって報告された事例など，今後の取組みに役立つものを厳選しました。

ただし，本書における事例の掲載は，そのままそっくり使って開示していただくといったことを意図したものではありません。それでは，どの企業も同じ記載となってしまい，ボイラープレート型の開示で溢れてしまいます。それで

は数多の開示に埋没するだけのため，開示する意味がありません。そうではなく，自社ならではの開示を考える方法，そして，リスクマネジメントの実態を「見える化」するためのヒントを提供しています。

そのため，本書を読み終えた後には，のれんの減損に関するリスクマネジメントの構築やレベルアップについて検討することをお勧めします。なぜなら，減損の判定プロセスを「見える化」したときに，「ここを構築しなければ」「あれを改善しなければ」と，開示や監査にとても対応できない点が浮かび上がることも考えられるからです。そこで，次の５つのステップの実践を提案します。

〔ステップ１〕 本書で解説されている内容を振り返る。また，優良事例において，どのようなリスクマネジメントが行われているかを把握する。
〔ステップ２〕 自社および自社グループにどのようなリスクマネジメントが必要となるかを検討する。
〔ステップ３〕 必要なリスクマネジメントが実施できる社内体制をデザインするとともに，その運用が期待するようには行われなくなる障害について検討する。
〔ステップ４〕 現場に新たなリスクマネジメント体制を導入する。また，稼働しながら，修正を加えていく。
〔ステップ５〕 開示コミュニケーションにおいて，運用状況の実績を記載する。

現在の財務報告は，見積開示会計基準や記述情報の充実を図る開示府令の改正といった制度上の要請を受けて，言葉を尽くす時代に入っています。財務報告プロセスにおいて，開示の検討は最終工程です。その前工程であるリスクマネジメントが適切に行われていなければ，機関投資家を納得させられる開示が行えないことは，優良事例を通じて理解できるはずです。さて，これは，一体，何を意味するでしょうか。

それは，財務報告を担う部署からリスクマネジメントのレベルアップを提言できることを意味しています。ただブレーキをかける役割だけではなく，適切なリスクテイクを可能とする環境を整備していく役割も果たせるのです。ぜひ，その一歩を踏み出してください。

さて，このような実務書を発刊する機会をいただき，株式会社中央経済社の皆さまに御礼申し上げます。また，編集担当の土生健人氏には，温かく執筆を見守り続けていただきました。数ヶ月でも脱稿を急かされていたならば，今のような内容に至っていません。この形で読者の皆さまにお届けできたことに，ただただ感謝するのみです。

最後に。本書をきっかけに開示コミュニケーションがどのように充実したかについて，強い関心があります。筆者のブログやSNSなどのプラットフォームに訪れ，その成果をお知らせください。「読まれたい有価証券報告書」の登場を楽しみに待っています。

2022年5月

竹村　純也

P. S.

かのスティーブ・ジョブズは，こんな言葉を残しています。「情熱さえあれば上手くいったも同然だ」と。あとは，最初の一歩だけです。

参考文献

Financial Reporting Council (FRC) (2017) "CORPORATE REPORTING THEMATIC REVIEW JUDGEMENTS AND ESTIMATES".

Financial Reporting Council (FRC) (2019) "Thematic Review Impairment of non-financial assets".

Financial Reporting Council (FRC) (2020) "Climate Thematic".

Institutional Investors Group on Climate Change (IIGCC) (2020a) "IIGCC investor expectations for Paris-aligned accounts".

Institutional Investors Group on Climate Change (IIGCC) (2020b) "Investor Expectations for Paris-aligned Accounts".

International Accounting Standards Board (IASB) (2013) "IAS 36 Impairment of Assets".

International Accounting Standards Board (IASB) (2020) "IAS 1 Presentation of Financial Statements".

International Auditing and Assurance Standards Board (IAASB) (2020) "THE CONSIDERATION OF CLIMATE-RELATED RISKS IN AN AUDIT OF FINANCIAL STATEMENT".

International Federation of Accountants (IFAC) (2021) "Corporate Reporting: Climate Change Information and the 2021 Reporting Cycle".(日本公認会計士協会訳「企業報告：気候変動情報と2021年報告サイクル」。)

Nick Anderson (2019) "In Brief：IFRS Standards and climate-related disclosures".

Task Force on Climate-related Financial Disclosures (TCFD) (2017) "Recommendations of the Task Force on Climate-related Financial Disclosures".(株式会社グリーン・パシフィック訳「最終報告書：気候関連財務情報開示タスクフォースによる提言」)

アスワス・ダモダラン（Aswath Damodaran）(2018)『企業に何十億ドルものバリュエーションが付く理由：企業価値評価における定性分析と定量分析』長尾慎太郎監修，藤原玄訳，パンローリング株式会社。

石原宏司（2020）「IFRS 適用企業の事例に学ぶ　見積りに関する注記の開示ポイント」『企業会計』第72巻第２号，29-37頁。

磯山友幸（2010）『国際会計基準戦争　完結編』日経 BP 社。

出居美智子（2017）「わが国の企業の最近の減損損失の傾向」『証券アナリストジャーナル』第55巻11号，15-23頁。

EY 新日本有限責任監査法人編（2018）『そこが知りたい！「のれん」の会計実務』中央経済社。

企業会計基準委員会（2009）「企業会計基準適用指針第６号『固定資産の減損に係る会計基準の適用指針』」。

企業会計基準委員会（2019a）「企業会計基準第21号『企業結合に関する会計基準』」。
企業会計基準委員会（2019b）「企業会計基準適用指針第10号『企業結合会計基準及び事業分離等会計基準に関する適用指針』」。
企業会計基準委員会（2020a）「企業会計基準第31号『会計上の見積りの開示に関する会計基準』」。
企業会計基準委員会（2020b）「新型コロナウイルス感染症の影響に関する開示『会計上の見積りを行う上での新型コロナウイルス感染症の影響の考え方（追補）』」。
企業会計審議会（2000）「固定資産の会計処理に関する論点の整理」。
企業会計審議会（2001）「固定資産の会計処理に関する審議の経過報告」。
企業会計審議会（2002）「固定資産の減損に係る会計基準の設定に関する意見書」。
企業会計審議会（2018）「監査基準の改訂に関する意見書」。
企業会計審議会（2020）「監査基準の改訂に関する意見書」。
菊地正俊（2021）『カーボンゼロの衝撃：グリーン経済戦争下の市場新ルール』中央経済社。
金融審議会ディスクロージャーワーキング・グループ（2018）「金融審議会ディスクロージャーワーキング・グループ報告―資本市場における好循環の実現に向けて―」。
経済産業省（2020）「事業再編実務指針～事業ポートフォリオと組織の変革に向けて～」。
公益社団法人日本証券アナリスト協会（2020）「新型コロナウイルス感染症と企業開示について」。
財務会計基準機構編（2004）『固定資産の減損に係る会計基準の適用指針について（講演録シリーズ）』第一法規出版。
新日本有限責任監査法人（2016）『こんなときどうする？　減損会計の実務詳解Q&A』中央経済社。
スチュワードシップ・コードに関する有識者検討会（2020）「「責任ある機関投資家」の諸原則≪日本版スチュワードシップ・コード≫～投資と対話を通じて企業の持続的成長を促すために～」。
竹原相光，岩田悦之（2017）「買収の失敗原因から探る　のれん減損の本質」『企業会計』第69巻第７号，45-52頁。
竹村純也（2018）『M&A会計の実務』税務経理協会。
竹村純也（2020）『ダイアローグ・ディスクロージャー：KAMを利用して「経営者の有価証券報告書」へとシフトする』同文舘出版。
竹村純也（2021）『事例からみるKAMのポイントと実務解説：有価証券報告書の記載を充実させる取り組み』同文舘出版。
伊藤邦雄責任編集，田中建二，弥永真生，米山正樹（2006）『時価会計と減損（Global Accounting）（第２版）』中央経済社。
中央青山監査法人研究センター編（2002）『減損会計基準ガイドブック：「意見書」の総合解説と実務適用』中央経済社。
中村直人，倉橋雄作（2021）『コーポレートガバナンス・コードの読み方・考え方（第３版）』商事法務。
日本公認会計士協会（2021a）「監査基準委員会報告書540『会計上の見積りの監査』」。

日本公認会計士協会（2021b）「監査基準委員会報告書701『独立監査人の監査報告書における監査上の主要な検討事項の報告』」。
日本公認会計士協会（2021c）「監査基準委員会報告書720『その他の記載内容に関連する監査人の責任』」。
波多野直子（2013）「のれんの減損処理に関する開示」『企業会計』第65巻第10号，27-35頁。
夫馬賢治（2020）『ESG思考　激変資本主義1990-2020，経営者も投資家もここまで変わった』講談社。
夫馬賢治（2021）『超入門カーボンニュートラル』講談社。
持永勇一，山岸聡（2004）『図解・設例でみる減損会計の完全実務解説：適用指針の逐条解説』財経詳報社。
森洵太（2017）「日本における減損会計の政治化問題」『企業会計』第69巻第3号，60-65頁。
山内暁（2017）「のれんの減損に係る事例とその特徴：日本基準採用企業を中心に」『証券アナリストジャーナル』第55巻11号，15-23頁。

【著者紹介】

竹村 純也（たけむら　じゅんや）

公認会計士。財務報告を中心としたアドバイザリー業務やコンサルティング業務を行う。また，経営者の想いを伝えて財務報告の利用者との建設的な対話をより促す「ダイアローグ・ディスクロージャー」を探究している。
KAMについては，2019年および2021年には日本監査研究学会で，また，2020年には日本内部統制研究学会で関連する報告を行っている。会計専門誌『旬刊経理情報』（中央経済社）では，英国におけるKAMや記述情報の開示事例を紹介した寄稿も行っている。『ダイアローグ・ディスクロージャー：KAMを利用して「経営者の有価証券報告書」へとシフトする』や『事例からみるKAMのポイントと実務解説：有価証券報告書の記載を充実させる取り組み』（以上，同文舘出版）でも，企業がKAMを活用することを説いている。
セミナーでは，KAMのみならず，企業会計基準第31号「会計上の見積りの開示に関する会計基準」を解説している。
また，日本公認会計士協会では，2007年から3年間，経営研究調査会CSR情報専門部会（現在はサステナビリティ情報専門部会）の専門部会長も務めていたことから，サステナビリティや統合報告についても知見がある。
そのほか，著書として，日本監査研究学会で監査研究奨励賞を受けた『後発事象の実務：どの時点で，いかに対応するか？』や，『税効果会計における繰延税金資産の回収可能性の実務〈全面改訂版〉』（以上，中央経済社）など多数。

＜本書発刊後の関連情報をフォローするなら＞
■ブログ「ABCバンブー」　https://junyatakemura.com/blog/

伝わる開示を実現する
「のれんの減損」の実務プロセス

2022年7月20日　第1版第1刷発行

著　者　竹　村　純　也
発行者　山　本　　継
発行所　㈱中央経済社
発売元　㈱中央経済グループパブリッシング

〒101-0051 東京都千代田区神田神保町1-31-2
電　話　03 (3293) 3371(編集代表)
03 (3293) 3381(営業代表)
https://www.chuokeizai.co.jp
印刷／東光整版印刷㈱
製本／㈲井上製本所

ISBN978-4-502-42411-3 C3034